# 内側から見る
# 創価学会と公明党

浅山太一

ディスカヴァー
携書
188

# はじめに——創価学会、内から見るか？　外から見るか？

## 創価学会をめぐる議論は称賛か罵倒かに引きさかれている

はじめにカミングアウトするが、私は創価学会員である。出身大学は創価大学だし、出身高校は関西創価学園だ。べつにゲイを論じる人間がゲイである必要はないし、暴走族の研究者が元ヤンである必要もない。ただ、私は創価学会員である。生まれた時からずっと。たぶんこれからもそうだ。

本書のもととなったエッセイを、デジタルコンテンツのプラットフォームサービスである note に投稿したのは、２０１５年の7月上旬のこと。当時は集団的自衛権の限定的容認を含んだ安全保障関連法案が衆院特別委員会で可決される直前にあたり、どことなく物々しい雰囲気に包まれていたことをいまでも覚えている。

中心的に法案の作成を進めていた安倍首相および自民党が左派陣営から厳しい批判にさらされており、この法案は戦後日本の安全保障政策の一大転換点であることは明白で、そうした議論が巻き起こることはある意味当然でもあったわけだが、そのなかで私にとって重要だったのは、当時連立与党にあった公明党に関するものだった。いわく「平和の看板はどうした」「池田は平和主義者ではないのか」「なぜ創価学会員は反対しないのか」云々。

先の法案が「戦争法案」だったのかどうかについて本書でとくに述べることはないが、これまで認められてこなかった集団的自衛権を一部であっても容認するということの衝撃は大きく、そうした法案に公明党が同意して政策を推し進めることは、支持母体である会の指導者である池田大作（＊本書では敬称をつけない）の平和主義者としての過去の発言と矛盾するのではないかという批判には、お前らべつに池田のこと本当に平和主義者だとは信じてないだろうという疑念は抜きにしても、首肯せざるをえないものがある程度あったと思う。

そうした情勢のなかで創価学会員の側がなにもしなかったわけではなく、「ひとりの学会員」というアカウント名で安保法案の白紙撤回を公明党に求める署名集めの活動をおこなったメンバーや、「学者の会」と歩調をあわせるかたちで安全保障関連法への反対の意思表明と署名集めをおこなった「創価大学・創価女子短期大学関係者有志の会」、また、連日国会前で開催されたデモに三色旗をもって参加した幾人かのメンバーなど、ふだん一枚岩と思われがちな創価学会のイメージとは異なるもの＝「学会員の反逆」として、テレビや新聞などで取りあげられ、一部で話題を集めることとなった。

と、まとめるとなにか創価学会にとっても２０１５年の夏が公明党支援の一大ターニングポイントになったかのような印象になるが、実際のところ組織活動の現場でなにか具体的な変化があったわけではほとんどない。

知ってのとおり、その後も自民党と公明党の連立は解消されることはなく、初代会長の牧口常三郎を獄死に追いやった治安維持法とよく比較される共謀罪／テロ等準備罪はとどこおりなく成立し、２０１７年7月の東京都議選では候補者23名の全員当選を勝ちとった。同年10月の衆院選ではいくぶん議席を減らしたが、選挙への強い影響力をいまだ誇っているかのようにみえる。党・信濃町・現場の三者の努力があったことはもちろんだが、**秘密保護法も集団的自衛権の容認も共謀罪／テロ等準備罪も、創価学会の公明党支援にとって決定的な障害となるものではなかった**わけだ。

こうした事態をうけて、**なぜ創価学会は会の指導者である池田の指導とは異なるようにみえる政策を進める公明党の支援にここまで膨大なエネルギーを注ぐことができるのか、**というテーマが社会的な問いとして浮かびあがることとなった。おりしも生長の家を源流とする政治団体である日本会議と政権中枢との関わりが取りざたされていることもあって、「日本政治と宗教」はホットなテーマとなっている。

が、２０１７年現在、上記のテーマを考えようと本屋の書棚を探した人たちはおそらく同じような感想をもつのではないだろうか。創価学会と公明党をテーマにした書籍で、研究書とよべるクオリティのある本がほとんど見当たらないのだ。おそらくは玉野和志の『創価学会の研究』や西山茂『近現代日本の法華運動』など、ごく限られたものだけ。２０１６年になって中央公論新社や岩波書店といった硬派な出版社から政治ジャーナリストによる公明党についての書籍が出たことでいくぶん状況は改善したが、それらを除けば、第三文明社や潮出版社などの創価学会側の出版社の刊行した基本的に創価学会に好意的な書籍か、または脱会者等が執筆したきわめて批判的な暴露本しか手にとることができない。

**公称８２７万世帯、政権与党の一角を占める公明党の支持母体でもあるこの巨大組織をめぐる議論は現在、称賛と罵倒に引きさかれた状態になっている。**

**「創価学会と公明党」というテーマについて、社会と学会がともに語る足場をつくる**

創価学会をめぐる議論は内と外に引きさかれている。このことをとくに問題と思わない人々も多数いるかと思う。創価学会に批判的な側からすれば、カルト臭い教団の意見など参考にならないと考えるのが当然であろうし、創価学会の活動家からすれば、無理解な世間の批判など考慮するだけ無駄であろう。それぞれにそれなりの理由がある。

ただ、この両者の見解には問題が多い。社会にとっては、政権与党に参画するまでに巨大な影響力をもつ集団の組織原理や内部事情がブラック・ボックスとなっていることは、端的にリスクだ。創価学会が国や地方への政治参加をやめることは短期的には考えづらく、すくなくとも今後しばらくは選挙を通じた影響力を発揮しつづけるだろう。なにかよくわからないものによって自分たちの政治が左右されているという感覚が強まることは、自分たちの意見が国に反映されているという感覚を弱め、結果として社会や民主主義への信頼性を低下させてしまう。これはよくないことだろう。

また、議論が内と外で閉じていることは、創価学会にとっても問題がある。私たちには言論問題／言論出版妨害事件（以下、言論問題）という社会との軋轢をおこした歴史がある。この言論問題についての評価は様々あれど、かの破局にいたった要因のひとつに、社会とのコミュニケーションを疎かにし、自分たちの論理だけで組織運営を貫徹したことがあげられる（↓詳細は第4章）。外部の情報をシャットダウンした状態で、似たような考え方をもっていた人々が話し合いを繰り返すと、もともともっていた考え方はより極端化する傾向にある。こうした現象を法哲学者のキャス・サンスティーンは**集団極化**と呼んでいる。要するに外部の意見を考慮しないことは、長期的にみて健全な組織運営にとってのリスクになるというわけだ。これもよくないことだろう。

もちろんこの説明だけで両者が納得するとは思わない。とくに学会側にとっては、すでに外部の意見は考慮している、または最終的には考慮する必要などないという両極からの反論があることぐらい知っている。だが、私はそれでも本書において、**社会と学会の双方が「創価学会と公明党というテーマ」をともに論じるための足場を構築すること**を目指す。社会の側には創価学会にまともな関心をもってもらえるよう求め、学会側にはまともな関心からの意見なら考慮に入れることもときには必要であることを求める。私はこの実践に人生をかける。もう決めている。

## 本書の目的と構成

というわけで本書の目的は、創価学会が熱心に公明党の支援活動をおこなうことについて、学会と社会の双方が同意できるよう配慮しつつ、その内的論理を考察することとなる。メンバーにも同意してもらうことが前提となるため、退会者やロコツな批判者の証言はできるだけ資料として採用せず、学会側が刊行した書籍や研究者の論文などをおもな一次資料とする。つらい思いで会を辞めた人もいるかと思うが、理解してほしい。

第1章は、冒頭で述べた2015年に書いたエッセイに加筆したもので、これまでの創価学会研究の総括をおこなっている。テーマは「なぜ創価学会は70年代以降、会員が増えなくなったのか」だ。このテーマを論じるにあたって本章で展開した「創価学会の発展の背景としての高度経済成長」というストーリー自体は研究史的にスタンダードなものといっていいが、日本戦後史や労働法制史、ソーシャル・キャピタル論など、これまでよりも広い文脈へとつなげることを試みた。

ネットに公開したときは硬めの文書かと思ったが、筆者が創価学会員であることや、安保法制で騒がしい時期であったこともあって、SNSを中心に話題となり、思いのほか広く読まれることとなった。拡散していただいた方々に、この場を借りて感謝を伝えたい。

第2章では、いきなり創価学会の選挙活動を論じる前に、その準備をおこなう。創価学会の公明党支援というテーマを論じることが難しい理由のひとつは、学会員の選挙活動が信仰心によるものであることについて、会も社会も承知しているにもかかわらず、おもてだっては双方ともにその点に触れないという奇妙な事情にある。

池上彰の選挙特番などで信濃町の学会本部に突撃取材したシーンがテレビで放映されたときの「やりやがった感」は、この共犯関係がやぶられたことに由来するといっていいだろう。学会員は選挙活動の理由を「池田先生のためだ」とおもてだって語ることはあまりなく、だからこそ退会者や「とある幹部筋」などの話が「学会の内部事情」として世間に流通するわけだが、そうした出処不明の情報が会のメンバーに聞き入れられることはなく、またまともな資料として採用することもできない。創価学会と政治をめぐる議論は、こうして内と外に引きさかれたまま閉じたループをくり返すことになる。

このような事情をふまえ、本章では、『聖教新聞』や『創価新報』などの学会公式メディアに掲載された情報だけを使って、創価学会の公明党支援のあり方を考察する。主にとりあげたのは、井上サトルの『バリバリ君』、まっと・ふくしまの『花の三丁目地区』、そして芝しってるの『あおぞら家族』の3作品。『聖教新聞』や『創価新報』を購読している人にはおなじみの、学会員の生活を描いたほのぼの日常マンガである。いってしまえば創価学会版『よつばと』のようなものだ（＊ちがいます）。

これら創価学会サブカルの分析を足がかりとして、事情通の暴露話などにたよらずに、会の公式刊行物を読むだけでも創価学会の選挙のあり方を考察することができることを示したい。

第3章から最終章となる第5章までは、いよいよ創価学会の政治進出過程を考察する。ここからが本論だ。

まず第3章では、第二代会長である戸田城聖の時代を論じる。当時の戸田が『聖教新聞』や『大白蓮華』などの機関紙誌で実際に語っていたことを跡づけることで、かつて創価学会には、自分たちの宗教的信念を貫徹すること（＝広宣流布）がそのまま地方および国の議席を獲得すること（＝国立戒壇の建立）と同義だった時代があったことを示す。それは現役学会員にとっても、小説『人間革命』に描かれた戸田とは異なる印象をもつことになると思う。

第4章では、会長就任から言論問題が起きた1970年頃までを対象に、第三代会長である池田大作時代の政治参加を論じる。従来の研究では、信仰活動と選挙活動が一致していた戸田時代の政治参加のあり方が変化するきっかけを、1964年の衆院進出表明と70

年の言論問題にみていた。世間からの政教一致批判に対処するために、当初の政治参加の目的（＝国立戒壇論）を放棄したというストーリーだ。本書ではこれを修正し、１９６１年末の公明政治連盟の結成こそ会の運動に変化をもたらした契機であったと主張する。

創価学会の政治参加には、政教分離原則に抵触しないという対外的な課題だけではなく、メンバーの政治的自由に配慮しつつ公明政治連盟、およびその後継団体である公明党という政治団体への投票に動員するという対内的な課題をクリアする必要があった。この後者の課題をクリアする過程で生みだされたいくつかの考え方や発言が、現在にまでつづく学会員の選挙に消えがたい影響を残すことになる。

最終章となる第５章では、ここまでの議論の総仕上げとして、ポスト池田時代の政治参加を考察する。中心となるのは、松岡幹夫と佐藤優というふたりの人物である。

与党となって以降の公明党を擁護する論陣は、彼らふたりに代表される。彼らの議論をまとめることで、池田の思想とは一見異なるようにみえる政策を進める党の支援活動を継続する、現在の公明党支援の論理に迫りたい。またこの作業は、選挙活動に賛同しない会員のことを組織がいかに捉えているかも合わせて明らかにすることになるだろう。そこに第４章で論じた言論問題以前の池田の発言の、現代的なかたちでの継承、または回帰がみられることを示したいと思う。

以上、本書のあらましについて述べてきた。さきに第3章から第5章が本論であると書いたが、この議論は創価学会という団体の宗教思想にある程度ふみこんだ内容となる。宗教のディープな話が苦手な人、公明党にだけ興味がある人は、第3章と第4章を読みとばしてもらってもかまわない。第5章だけ読んでも話が通じるように書いたつもりだ。

また、松岡や佐藤の議論が重要であるとは述べたが、彼らの著作を読んだところで公明党が今後どのような政策を行うかについては何ひとつわからない。公明党の行動は日本の政治の関数なので、党の政策決定については、日本政治の専門研究者、または政治ジャーナリストの著作を読んでもらうことが一番である。彼らの著作の考察を通じて本書が明らかにすること、それは「公明党が今後いかなる政策を行うか」ではなく、「公明党が行った政策をいかなる論理で創価学会が正当化するか」である。

あと、ここまでの説明でも明らかなように、本書の議論の中心は、書かれた資料にあって、現場の会員へのインタビュー資料はあまり採用していない。また、会のリーダーたちが「なにを語ったか」や「なんと書いたか」には焦点をあてたが、リーダーたちの指導が会員たちによって「いかに聞かれたか」や「いかに読まれたか」については限定的にしかふれていない。創価学会という運動体の歴史は長く、あまり知られていないが、地域差や世代差、男女差などがかなりある。それら膨大で多様な言葉に向きあうのは本書のあと、もうすこし先の課題であると考える。

かさねていうが、本書の目的は、創価学会と公明党というテーマについて、会員と社会がともに語るための足場をつくることにある。つまり創価学会という団体をめぐる議論の最終的な結論を出すことにはない。本書は創価学会をめぐる会話のゴールではなく、そのささやかな開始を告げるものにすぎない。読んでもらえるとうれしい。

# 内側から見る　創価学会と公明党　目次

## 第4章　組織中心主義の台頭
### ──池田大作の時代

## 第5章　創価学会は成仏しました
### ――ポスト池田時代の公明党支援の論理

第1章

# 創価学会と会社

## ――戦後日本の都市に現われた「2つのムラ」

本章ではまずこれまでになされた創価学会研究の総括を行う。ただ研究史をまとめなおすだけでは面白くない。というわけで、本稿では一つの論点を設定した。それは「**70年代以降、創価学会の信徒数が増えなくなったのはなぜか**」である。

創価学会と公明党の関係を問い直すというテーマから遠い話題のようにみえるかもしれないが、「それまで社会にウケていた創価が70年代以降ウケなくなった理由」を考えることは、70年代に日本がこうむった社会構造の変化を知る上でも重要であろう(というか社会学出身の私にはこれしかできない)。

上記のテーマを導きの糸にしつつ、研究史を辿りなおすことで、内部だけで完結しがちな公明党＝創価学会と、外部から罵倒するだけの社会とをつなぐ回路を構築する。現在の公明党のあり方を考察するという目的に鑑みて遠回りにうつるかもしれないが、本章ではこれを目指した。

## 第1節　日本の高度成長は創価学会の功徳のおかげだった？

戦争でボロボロになった日本がここまで発展できたんは、創価学会のおかげ。池田先生が一生懸命広宣流布したから、その功徳で日本はお金持ちになったんや。

この言葉は私の母のものである。失笑であろう。少なくとも学会員ではない人間にとって、まともに考察するにたえない妄想であることは言を俟《ま》たない。しかしここに興味深いデータがある。創価学会の会員数の推移と、日本の経済成長率の推移である（→図1）。おわかりだろうか。50年代からはじまる急激な成長と、70年代に入ってからの停滞。学会員の増加と日本の経済成長率はピタリと一致するのである。よって私は安倍首相に提言したい、もし日本の経済発展を維持したければもっと創価学会を応援すべきである、高度経済成長は創価学会の折伏の功徳だった、アベノミクス第4の矢は広宣流布の矢以外にない、などという議論を本稿は一切展開しないのでご安心いただきたい。

ここで参照したい論文は社会学者・鈴木広の『都市的世界』である。鈴木は1970年

## 図1-1　創価学会会員世帯数の推移

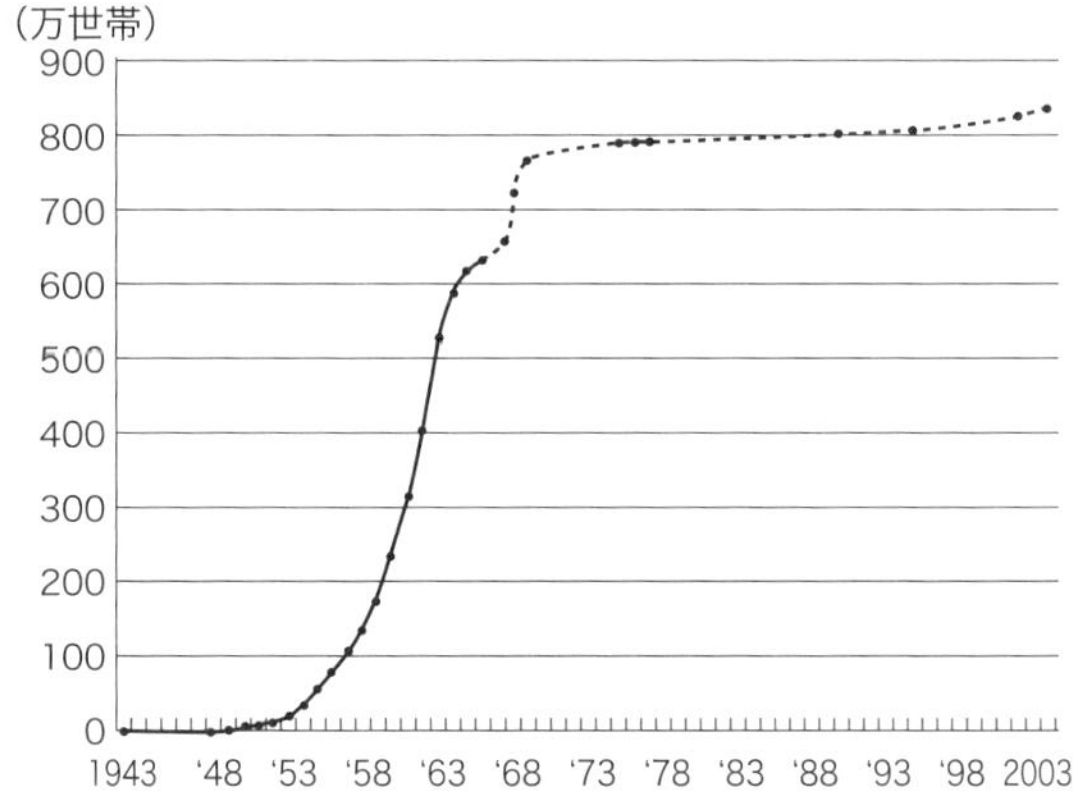


（出典）玉野和志『創価学会の研究』より。

## 図1-2　戦後日本の経済成長率の推移

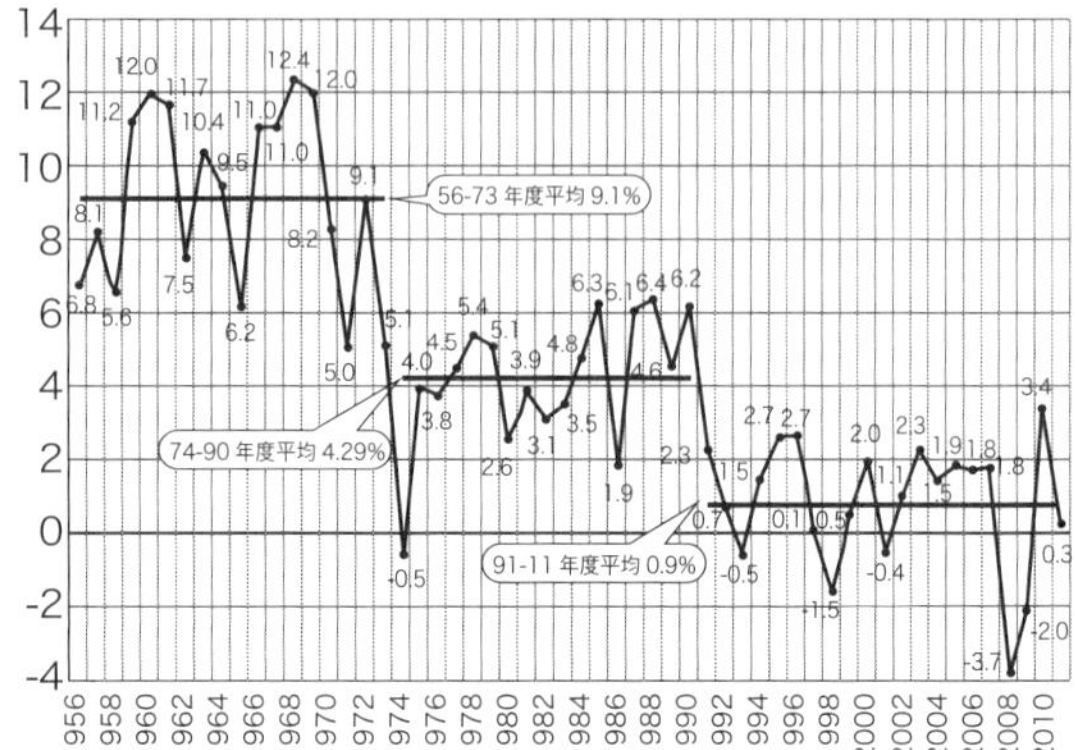


（注）年度ベース。93SN 連鎖方式推計。平均は各年度数値の単純平均。1980年度以前は「平成12年版国民経済計算年報」（63SNベース）、1981～94年度は年報（平成21年度確報）による。それ以降は、2012年 10-12月期２次速報値〈2013 年３月８日公表〉。

（資料）内閣府 SNA サイト（出典）縄田康光『戦後日本の人口移動と経済成長』より。

の著作である同書において、56～68年に行われた参議院選挙の公明党の得票の地域的分布や、1962年に福岡市で行われた学会員への面接調査などをもとに「宗教運動の発展を支持した客観的法則」を分析した。その結果わかったのは、①当該期間に公明党の得票数が伸びているのは「都市とその周辺」であること、また、②福岡市の学会員の階層的帰属が「零細商業・サービス業の業主・従業員と、零細工場・建設業の工員・単純労働者など」であること、の2点である。上記2つの事実から、鈴木は創価学会を**都市下層の宗教集団**であるとして結論付けている（鈴木1970：270-276）。

イデオロギーや方法論上の問題もあって一次的資料としてしか言及しえない創価研究書群のなかにあって、二次的資料として参照できる数少ない研究の一つである鈴木の分析は、創価に興味を持つすべての者が参照すべき、偉大な先達による布石だったといえる。

ただ、本論考にとって重要なのは「戦後から1970年にかけて、創価学会が都市下層の住民を大量に吸収することができたのかはなぜか」についての鈴木の見解である。

鈴木が興味を持ったのは、福岡市の学会員における現住地出身者の少なさである。いわく、「現住地に生まれた者はゼロに近く、福岡市生まれを加えて二割に満たない」、また「市外出身者が八割を越え、その大部分は農家出身者である」と。つまり当時の福岡市の学会員を構成した主な集団は「**当初においては主に農家（ないし商家）に生まれ育った者**

**図 1-3　公明党支持層の学歴別構成比（%）**

| 学歴別 | 学歴別にみた公明党支持率 | 公明党支持層の学歴別構成比 |
|---|---|---|
| 学歴なし、小学校卒 | 12.0 | 32.1 |
| 新制中学 | 8.2 | 23.1 |
| 旧制中学 | 7.4 | 19.2 |
| 新制高校 | 4.1 | 15.4 |
| 大学・高専卒 | 3.4 | 7.7 |

〈出典〉堀幸雄（1973）『公明党論』より。

**図 1-4　収入別にみた公明党支持率（%）**

| 年収別 | 公明党支持率 |
|---|---|
| 30 万～ 59 万 | 11.0 |
| 60 万～ 99 万 | 9.9 |
| 100 万～ 249 万 | 5.1 |
| 250 万以上 | 5.7 |

〈出典〉図 1-3 と同じ。

で、**戦時、戦後の混乱期に階層的地域的に急激な移動を経験した人々**」であるということだ（鈴木1970：279－294）。

戦後から70年にかけて創価学会に加入した人たちは都市部の下層に属する人たちが主であり、しかも元々地元に住んでいた人たちではなく他地域から流入してきた元農民が多かった。地理的かつ社会的な移動によって彼らは基礎的な共同体から切り離された。社会保障も体系化されていない当時の日本にあって、心理的にも社会的にも不安定な状態にあった彼らを吸収したのが創価学会だったの

**図 1-5　公明党支持層の出身別構成比（%）**
**（親の職業）**

| 職業別 | 東京都民全体 | 公明党支持層 |
|---|---|---|
| 自営業主 | 56.1 | 60.3 |
| 農林漁業 | 25.5 | 38.5 |
| 商工・サービス | 25.1 | 19.2 |
| 工場主 | 2.6 | 2.6 |
| 自由業 | 2.8 | 0 |
| ホワイトカラー | 24.7 | 12.8 |
| 管理職 | 4.2 | 2.6 |
| 専門技術職 | 4.5 | 2.6 |
| 専門職 | 16.0 | 7.7 |
| ブルーカラー | 13.5 | 20.5 |
| 工員・運輸 | 5.5 | 11.6 |
| 販売・サービス | 1.8 | 1.3 |
| 職人 | 5.1 | 7.7 |
| 保安 | 0.9 | 0 |
| 不明 | 1.6 | 3.8 |

（出典）図 1-3 と同じ。

だ。これを鈴木は創価学会発展の**移動効果仮説**と呼んでいる。

鈴木以降の創価学会研究でもこの移動効果仮説を支持するものがほとんどだ。ただその多くは鈴木の論文を引用してそのまま追認しているにすぎない（たとえば塩原（１９７６）や西山（１９８０））。鈴木とは異なるデータセットを用いたうえで上記の主張を支持する研究が２つある。堀（１９７３）と杉森（１９７６）だ。

堀は、69年に中央調査所によって東京都全域を対象に行われた公明党支持層の属性分析を紹介している。職業別に見た公明党の支持率は、自営業8・9％、家族従業者5・3％、ホワイトカラー1・7％、ブルーカラー13・7％となっている。学歴については図1－3を、収入については図1－4を参照してほしい。収入と学歴に関しては当時の東京都民全体の平均と比べることができないのでなんともいえないが、総じて低学歴、低収入と考えてよいだろう。

出身階層についてはこれも図1－5をみてほしいが、親が農民であるものが38・5％と断然多い。ホワイトカラー出身者の支持率（12・8％）は都民全体（24・7％）の半分の比率であるのにくらべ、ブルーカラーの支持率（20・5％）は全体（13・5％）の1・5倍に達している。

要するに「公明党の支持層は自営業主、ブルーカラー層が多く、しかも低学歴、低職種であり、農村からの離脱者が多い」という調査結果となっている（堀1973：190－191）。

杉森康二は公明党の得票数の地理的分布を検証することで鈴木の移動効果仮説を補完している。67年と69年の衆議院選挙において杉森は、①東京において公明党が圧倒的な支持を得ているのが下町地区であること、②埼玉や千葉などの地方からの流入人口が急速な増加を示した周辺地区において急速な増加を示したこと、の2点を指摘した。つまりベッドタウン化の進行する60年代の東京近郊では、「都心部から周辺部への人口移動」と「公明党の議席と得票数の増加傾向」に一致が確認できるというわけだ。

これを受けて杉森は「戦後の高度経済成長過程における農村部から大都市への急激な人口移動によって、肥大化した都市人口こそ、学会員の最大の組織母体」なのであると結論付けている（杉森１９７６：１１３－１１４）。

まとめよう。高度経済成長期において創価学会に入会した人たち、その多くが戦後の急激な工業化の中で都市やその周辺にやってきた農家出身者だった。基礎的な共同体から切り離された彼らは、地域にも会社にも帰属することができなかった。創価学会はそんな彼ら彼女らを吸収した。つまり**創価学会の広宣流布が日本の高度成長の原因だった、ではなく、日本の高度成長が創価学会の発展の構造的要因だった**、ということになる。

創価の発展が農村からの都市への人口移動に依存しているのなら、農村から都市への人口移動が停滞したとき創価の発展も止まると推察する必要があるだろう。それを裏付けるデータもある。地域ごとの創価学会員の増減などの細かい検証は必要だが、ひとまずは移動効果仮説に基づいて議論を進めることは許されると考える。

## 第2節　都市に生まれた「新しい村」

と、ここまでの議論を読んで疑問を持った方もいるにちがいない。創価学会の発展の背景には高度成長期における農村から都市への大量の人口流入があったという。それは認めても構わない。しかし、それだけでは創価学会がここまで巨大化した理由の説明にはならないだろう。

「存在的不安を抱えた農村出身者」という巨大なマーケットが存在したのは事実であるとして、それを開拓しうるチャンスは他の宗教組織にも平等に与えられていたのではないか。彼ら彼女らはなぜよりにもよって創価学会を選んだのか。他の宗教じゃダメだったのか。競合他社との競争に創価学会が圧倒的な勝利を勝ちえたのはなぜなのか。

この点について突っ込んだ研究は少ないが、目ぼしいものをいくつか箇条書きしてみよう。社会学者のJ・W・ホワイトは①敗戦による規範の喪失、②高度成長の恩恵を受けることができなかった人びとの相対的剥奪感、③優れた指導者の存在、④ほかの選択肢のなさ、の４点を挙げている（ホワイト１９７１：８３８４）。

宗教社会学者の西山茂は、邪教あつかいされないだけの体系的な教義や冠婚葬祭の執行組織が存在したことなどを前提として①古い教義の更新、②安定と冒険の提供、③「他者を救うこと」と「自分が幸せになること」を折伏という実践によって統一したこと、④社会統制への柔軟な対応とプラグマティックな組織体質、⑤優れた組織作りと組織運営の能力、の５つをあげている（西山１９８０：２５６‐２６６）。

社会学者の猪瀬優理は①組織の柔軟性と、②「体制順応主義」と「成果主義」という基本姿勢の２点を挙げ、この基本姿勢に由来する学会員の幸福のビジョンが１９６０年代前後の高度経済成長期の成功イメージと合致していることを指摘している（猪瀬２０１１：２１６）。

このほかにもいくつか研究はあるのだが、上記の３つを含め私はそのほとんどに説得性を感じない。なぜならだれも御本尊様の法力の偉大さを指摘していないからだ！という理由ではもちろんなく、すでに成功した団体をもってきてそれが「リーダーが優れていたからだ」とか「組織が合理的だったからだ」とか「大衆の願望に沿っていたからだ」と説明したところで〝何にもならない〟からである。コーラが売れたのは市場がコーラを求めていたからだ。アップルが成功したのはジョブズが偉大なリーダーだったからだ。これは何かを説明しているようでいて、実際は何も説明していない。

サンプル数の少なさという点に目をつぶれば参考になるのが、佐藤正明の論文「集団成員の態度変容と価値志向―創価学会の場合」である。

佐藤は1965年に仙台市の学会員を対象に社会調査を行い、学会員の入会動機づけとして「経済的・肉体的・精神的な悩み」が大きかったことを認めつつ、これと並んで「コミュニケーション的紐帯の欠如」という要因があったことを指摘している。

回収できたサンプルの中で有効なもの（50ケース）のうち、戦後になってから仙台に居住したものが29人（60％弱）を占めている。また学会以外に所属集団を持たないものが40％強に達し、その他のものでも町内会やPTAなど慣習的な集団にしか所属していない（佐藤1966：60－64）。つまり創価学会に入会した人間の多くは都会でひとりぼっちのコミュ障だった、というわけだ。鈴木広のいうところの「離村向都型」の人間を学会が多くひきつけていたことが仙台市においても確認できたといえるだろう。

しかしそれ以上に興味深いのは図1－6と図1－7である。

これは「入会動機」と「入会したことで得たご利益」を集計した表なのだが、どこかおかしい点に気づかないだろうか。そう、「生活苦」で入会した人間が全体の半数近い24人（48％）にもおよんでいるにもかかわらず、信心して得た功徳として「仕事」をあげてい

### 図1-6　入会した理由

| | |
|---|---|
| 生活が苦しかったから | 24人(48%) |
| 精神的な悩み事があったから | 17　(34) |
| 病気を持っていたから | 20　(40) |
| その他 | 11　(22) |
| 別にない | 2　(4) |

### 図1-7　入会したことで得たご利益

| | | | |
|---|---|---|---|
| あなたはご利益を受けたことがありますか | | | |
| | ある | ない | 回答なし |
| | 47人 | 0人 | 3人 |
| それはとくにどんなことでしたか | | | |
| | 健康上のご利益 | 14人 | |
| | 精神上のご利益 | 6人 | |
| | 家庭面でのご利益 | 9人 | |
| | 仕事面でのご利益 | 6人 | |
| | その他 | 8人 | |
| | 回答なし | 4人 | |

（出典）図1-6・図1-7ともに佐藤正明「集団成員の態度変容と価値志向―創価学会の場合」より。

る人間がなぜか6人（12％）しかいないのである。その代わりあげられているご利益体験は、「精神上」や「家庭面」といった**人間関係的なもの**に集中している（佐藤1966：66）。つまり素直に解釈すれば〈生活は貧乏なままかもしれないが、しかしその貧しさを分かち合えたり相談したりできる仲間ができたのでこれを功徳と考える〉という生活態度を想像することができよう。

でもこれ、なんだかおかしくないだろうか。まるで財宝を求めて冒険の旅に出て、結局お宝は見つからなかったけれど、振りかえってみればこの冒険をすることで得た仲間たちとの出会いこそが最高の財宝だった、みたいな少年ジャンプ的欺瞞を感じないだろうか。しかし彼らがその体験を持って信仰を継続している以上、誰がなんと言おうとそれが「ご利益」なのであるし、それが彼らの「信仰理由」なのである。

つまり一般に考えられているような創価学会の現世利益主義は、入会の契機にはなったかもしれないが、信仰の継続理由ではなかったわけだ。地方から都会にやってきた下層民たちは、創価学会の活動をするなかでお金持ちにはならなかったかもしれないけれど、すくなくとも人間的なつながりは取り戻すことができた。

上記の調査結果を受けて佐藤は、「共同体秩序の崩壊の中で、大衆化状況が彼らを包み、そして漂うとき、創価学会という社会運動に遭遇することによって、新たな共同体秩序を回復する契機を持つものでないだろうか」と問題を提起している（佐藤１９６６：62－64）。

ようするに、**創価学会は都市に流れてきた元農民たちを再包摂する共同体として機能した**ということになろう。これこそが戦後に学会が発展しえた理由、競争優位であった。これをひとまず**「都市に生まれた新しい村」仮説**と呼んでおく。

この新しい村仮説を支持する研究は多い。有名どころとしては、宗教学者の島田裕巳や前述の杉森、比較的新しいところではジュマリ・アラムが同様の主張を行っている。

アラムはヴェーバーのカリスマ論をベースに真如苑と創価学会の組織とリーダーシップのあり方を比較した論文で、戦後の創価学会を「崩壊してしまった村落共同体を都会で再現するという機能」をもった宗教団体であったと規定している（アラム１９９４：１６６）。

真如苑の信者にとって組織とは己の霊的レベルを向上させるための「手段」にすぎなかったのに対し、創価学会員にとって組織はそれ自体で意味があった存在＝「目的」なのだという。なぜなら学会の幹部のカリスマは真如苑のそれと違って霊能力に由来しないため、生活のあらゆる事柄にわたって行われるきめ細やかなフォローによってその宗教的習熟度を示すことを要請されるし、一般会員の信頼もそうした日々の助け合いの中で地域ごとに形作られた共同体があるからこそ信仰を継続していくことができたからである（同188-193）。

しかし残念なことに、新しい村仮説は支持する研究者の多さに比べて実証的なデータに乏しいという問題を抱えている。これは稿を変えて論じるが、「データのなさ、ないし信憑性のなさ」という問題は創価学会研究の抱える一つの鬼門ではあるだろう。

ただ本章が対象としている時期とは多少ずれるのだが、政治学者の松谷満が公明党の支持基盤とその価値意識を研究した論文を参考にすることはできる。松谷は2005年に自らのグループで行った調査をもとに、公明党の支持基盤が**大衆文化**と**人づきあい**という側面において特徴的なライフスタイルを持った集団（アーバンヴィレジャーとジモティ）によって主に構成されていることを明らかにした（松谷2007：7-10）。

もちろん公明党の支持層が現在にいたる過程で大きく変質したという可能性も否定することはできない。ただ基本的に学会員はいまもむかしも「村的なメンタリティ」を持った集団であると推論することは許されるのではないだろうか[1]。

## 第3節　戦後最も成功した新興宗教としての会社

さて、ここまで創価学会研究の主要なものに触れつつ、戦後から70年に至るまでの創価学会の急激な発展理由を検討してきた。明らかになったのは、①急激な工業化を背景にした農村から都市への人口移動という構造的要因（＝移動効果仮説）と、②村落共同体からも企業別組合からも疎外された都市下層の住民たちを再包摂する「新しい村」としての機能（＝「新しい村」仮説）、の2つ。

1　高度成長期以降、創価学会員に階層的な上昇があったという報告はあるが（玉野２００８）、それは日本社会全体が高学歴化しているためであり、会員の多数はいまだ中下層に集中しているという報告もある（中野２００８、２０１４）。また、松谷満は２００５年の調査をもとに、現在の公明党支持層にはいまだ**ブルーカラーと自営層**が高い割合を占めていることを指摘している（松谷満２００９）。つまり職業構成に関しては、よく指摘される共産党支持層（＝ブルーカラー）だけでなく、自民党支持層（＝自営層）とも競合する関係にあるわけだ。こうした事実は、創価学会＝公明党と共産党の仲が悪いのは政治マーケットのなかで社会的弱者の得票を奪い合う関係にあるからだ、という通俗的な説明をいくぶん疑わしくするだろう。

さて、それでは次に考えるべきことはなにか。もちろん創価学会の活動が70年以降停滞したのはなぜか、である。

宗教社会学の著作によくみられる説明はこうだ。日本の社会構造は73年の第一次オイルショックを境に工業社会からポスト工業社会へと移行した。経済の焦点が「生産」から「消費」へ移行したように、宗教的ニーズの焦点も「経済的剥奪」から「精神的剥奪」へと移行する。豊かになった世の中で消費に明け暮れる周囲からの疎外を感じた若者たちが、確かなものや内面的な満足を求めてオカルトやスピリチュアルの要素を色濃くふくんだ宗教へと惹きつけられていく、というわけだ。

**〈現世利益主義的で集団主義的な創価学会（＝新宗教）から、神秘主義的で個人主義的なオウム真理教（＝新新宗教）へ〉**。

こうした主張は枚挙にいとまがないのだが、ひとまず当該分野のスタンダードたる事典『新宗教事典』の言葉を引用しておこう。

新宗教への入会は時代性を反映し、今日「豊かな社会」の中で、経済的剥奪（貧）による入会者は激減している。（中略）現代の若者の「争」を避けるがゆえの人間関係の希薄さ、生きていることの実感の喪失という精神的剥奪が、彼らを新宗教へと向かわせているととらえることができる（井上順孝、孝本貢、対馬路人、中牧弘允、西山茂１９９４：２０５－２０６）。

ひとまず右記のような主張を〈**新興宗教と社会構造の適合性仮説**〉と呼んでおこう。命題の形にすれば〈発展する新興宗教とは、時代の規範・風潮と適合的な宗教である〉となろうか。創価学会は売れない商品、時代遅れの新宗教になってしまったというわけだ。

だが、私は右記のような想定にもとづいた説明にほとんど説得性を感じない。当世で注目をあつめる宗教団体の特徴を分析することが今という時代の本質を逆照射的に明らかにする、みたいな文章がそもそも嫌いだというのもあるがそれは関係なくて、それ以前に70年代以降の「新新宗教ブーム」または「宗教回帰」言説には統計上の十分な裏付けがなかったという点が重要である（石井研士２００７：１１９－１４０）。

70年代の「宗教回帰」語りのもとになったのはＮＨＫ放送の世論調査からなのだが、この調査結果自体、回答者の年齢構成に占める高齢者の割合が多くなったせいではないかという指摘もある。「加齢」と「信仰心」には正の相関がある。つまり日本社会が高齢化したから宗教のことを考える人が増えた、というわけだ。

また本稿にとって重要なのは、公明党の参院選の得票数が74年の６３６万票（全国区）

であったのに対し、2013年では756万票（比例代表区）と増えている点だ。2004年では862万票も入っている。つまり当初のような勢いがなくなっただけで公明党＝創価学会は消滅したわけでもなければ衰退したわけでもない。そこそこ健在なのである。ならばすくなくとも数の上では微増しているうえに現在でも数百万人もの会員を有している創価学会を、最盛期においても公称1万人少々のオウム真理教が代替したかのような言説は、やはり控えめにいっても大げさすぎるといわざるを得ないだろう。

**オウム真理教をはじめとする新新宗教は創価学会を代替したわけではないし、創価の停滞を検証するための参照点としても適さない。**とするならば70年以後の創価学会の停滞を考察するにあたって比較すべき対象とは何か。立正佼成会か、真如苑か、はたまた共産党か。ちがう。**会社**である。もう一度言う。創価学会の高度経済成長期における発展とその後の衰退を考察するうえで最も確かで不可欠な準拠点となるものは、**日本の会社**である。

何を言っているのかわからない人もいるかもしれないが、とりあえず話を聞いてほしい。ここで参考になるのは、社会学者の高原基彰が戦後日本史を整理した著作『現代日本の転機』である。高原は本書の中で、すくなくともバブル崩壊期まで続いた戦後日本の自画像を「超安定社会」という言葉で規定し、その内実を「日本的経営」「日本型福祉社会」「自民党型分配システム」という三要素からなるとした。

日本的経営とはいわゆる終身雇用・年功序列・企業別組合からなる日本特有の企業風土のことを指す。衣食住を個人の責任として、現金報酬と職務を交換する「非人格的な」欧米の企業に対し、日本の企業は従業員の生活すべてに責任を負い、能力よりも会社への忠誠心を重視する。このような「人格的で」「家族的な」「ムラ的な」経営手法は封建遺制とも呼ばれ日本の後進性のあらわれともされたが、高度成長の実現の中で次第に日本の優位性の根拠ともされていく（高原２００９：98－１０４）。

日本型福祉社会は日本的経営とセットの理念であり、「『日本的経営』により安定した雇用・収入を確保した家長――つまり正社員の夫――が、専業主婦と、子供のいる核家族を養う収入を家庭に持ち帰ること、そして専業主婦を中心とした家庭が、日々の家事労働、子供の教育、老人介護などの再生産領域の仕事を行うことを期待する社会構想」（同１３３）のことである。つまり社会の福利は企業と核家族によって賄うというわけだ。

自民党型分配システムとは道路・住宅・用水事業などの公共事業を通じた地方への社会投資のことであり、田中角栄の列島改造論に象徴される。分配の対象は国民ではなく公団や政策金融機関、およびそこから受注する建設業者や大企業からなる（同１０４－１０６）。小泉政権時に問題視された「構造改革」とは、この中央と地方の癒着構造のことをいう。

以上が高原の整理である。男が会社で稼ぎ、女は家庭を支える。政府は都市で税金を徴収し、地方にそれをばら撒く。企業と核家族を中心に人々の生活は保障され、帰属感を満たされる。これが戦後日本の自画像としての超安定社会である。第一節と第二節の考察を経てきた我々からすれば、創価学会はそんな超安定社会を下から支える宗教団体として機能してきたということが了解されよう。

経済の二重構造(近代的な大企業/伝統的な中小企業)や都市/地方・男性/女性・正規/非正規雇用の格差など、超安定社会の内部には構造的な不平等の存在が指摘されているが、ブルーカラーや零細自営業者などを主な構成員として発展してきた創価学会は、見事なまでにこの「安定」からこぼれ落ちた人々を都市において吸収した組織であったといえる。

ここに学会員の労働者のほとんどは非組合員であったというホワイトの指摘(ホワイト1971:107)、および、革新政党の支持者のうち組合員は48%でそのほとんどが大企業・官公庁労働者であったという橋本健二の指摘を加えれば(橋本2009:161)、都市社会学者の玉野和志が述べた、**本来の労働者階級ともいうべき庶民を組織したのは共産党でも社民党でもなく創価学会であった**(玉野2008:169−171)

という指摘はなかなかの重要性をもって響くだろう。

つまり日本の社会民主主義の基盤となるべき革新陣営は大企業と公務員という相当に恵まれた労働者しか組織することができず、都市の貧困層は創価学会＝公明党に、地方の貧農は自民党型分配システムによってその生活を広くカバーされたというわけだ。現在の自公連立政権の盤石さは推して知るべしといったところだろう。

ここまでにおいて第１節と第２節で提示した２つの仮説の内実を多少豊かにすることができたのではないかと思う。急速な工業化のなかにあって大量の都市流民や大規模なスラム街も形成されずにある程度の経済的発展と安定を両立しえたのは、農村から流入してきた大量の人々を企業と創価学会という２つの組織が吸収したことが大きい。

〈**会社と創価、戦後の日本の都市に生まれた「２つのムラ」は、日本の高度経済成長期をともに補い合うかのように発展してきた**〉。

しかし本稿にとってより重要なのは、上記のような企業と核家族を中心とした超安定社会の内容そのものではなく、そうした社会が完成したのは〝70年代以降になってから〟という高原の指摘の方である。

73年の石油危機による不況のなか、賃金抑制を強いられた日本企業の多くは正社員の解雇ではなく配置転換や出向などで対応し、いわゆるメンバーシップ型雇用システムを強化した。インフレと高い失業率に苦しむ西欧諸国に対し、雇用を守りながら物価上昇に対応した日本的経営は「人間尊重の経営」と称賛され、西洋近代を「超克」したとの言説を多く生んだ（同130－132）。

労働法制史の大家であるアンドルー・ゴードンもいうように「企業中心社会――企業の利益がその全構成員によって、さらには国民的にも承認されている社会――の全面的な支配は、1970年代に至ってようやく確立した」（ゴードン2012：424）のである。

また、西欧諸国に比べ企業と核家族に過度の負担を強いるような福祉制度に形成されたのは、二度にわたる石油ショックで財政赤字が膨らんだことも大きい。当初は老人医療費無料制度など、社会福祉は国家にも多くの役割が期待されていた。あと知ってのとおり、田中角栄が総理になったのは72年のことである。90万部以上売れた『列島改造論』が出版されたのも同じ72年だ。

つまり日本的経営、日本型福祉社会、自民党型分配システム、この三要素が出揃い広く日本を覆っていくのは70年代においてなのである。創価学会の発展の頂点は、日本の超安定社会の完成とちょうどバッティングしたわけだ。

もちろん超安定社会の完成＝（創価学会の潜在的顧客である）貧困層の消滅、ではない。橋本健二も述べているように、75年の時点においても貧困率は零細企業と自営業と農民層でいまだ高い（橋本２００９：１４４－１４５）。

高度成長が社会格差を実際に解消できたか否かではなく、長期の高度成長を経験し、二度の石油ショックの影響も軽微で乗り越えることのできた日本経済への自信＝安定が人々の不安をやわらげ宗教団体への加入を後押しすることを止めた、という点が重要であろう。


まとめよう。①70年までの拡大期において学会はそのフロンティアのほとんどを開拓してしまったこと、②産業構造の変化等によって農村から都市への人口流入が鈍化したことで、「存在的不安を抱えた農村出身者」という創価の主要顧客の供給が減少したこと、③ただでさえ縮小してしまった主要顧客を企業と核家族という2つのシステムに吸収され、また吸収されなかったその残余さえ超安定社会というゆるい希望の中で存在的不安を埋め合わされたこと（もしくはいつか埋め合わされると期待することができたこと）。これら3点が、創価学会という社会運動が70年代に至って停滞した主要因であると私は考える。

ようするに、工業社会からポスト工業社会への変化に対応できずに宗教市場においてオウム真理教など新新宗教の後塵を拝した、などではなく、**従来創価学会がカバーしていた庶民の生活領域を70年代以降は企業と核家族が覆い尽くした**というのが本稿の主張である。

言ってしまえば、創価学会は会社に負けたのだ。裏を返せば会社こそ戦後最も成功した新興宗教であるとも言えるかもしれない。

## 第４節　まとめ——これからの創価学会研究について

以上、主だった創価学会研究に触れながら、戦後日本における創価学会の発展と70年代からの停滞を考察してきた。〈急激な工業化を背景にした農村から都市への人口移動がその発展の構造的背景であり、村落共同体からも企業別組合からも疎外された都市下層の住民たちを再包摂する「新しい村」として機能した創価学会だったが、70年代における超安定社会の完成のなかで企業と核家族にその顧客の大部分を奪われた〉。一言でまとめればこのようになるだろう。

戦後史における創価学会の来歴を振り返った全体的な印象は、〈高度経済成長の中で部分的に生じた軋みや歪みを下から支える社会的アブソーバーとして創価学会は機能した〉というものだ。

じっさい日本企業の努力主義と創価学会のそれとの類似性・親和性は多くの論者によっ

て指摘されていた。創価学会は資本主義でも共産主義でもない自分たちの目指す社会のあり方を「第三文明」や「人間革命」と規定してその優位を誇ってきたわけであるが、機能的にはそれはオルタナティブや革命でもなく、ただ当時の日本社会が求めてきたものと同じものを別の回路で供給したというにすぎないのかもしれないと思う。そして、その役割は決して軽んじられるべきものではない。

さて、それでは今後の創価学会スタディーズはいかなる方向で考察を進めていくべきであろうか。本章で提示したいくつかの仮説を実証的に検証するという方向ももちろんある。移動効果仮説については地域別に人口の流入状況を調べてそれを学会＝公明党の票の増減と照らし合わせればいまよりクリアになると思う。誰かやってくれると私は助かる。

個人的にとくに気にかかるのはやはり玉野の「創価学会は本来の労働者を組織した団体だった」という指摘だ。

本章では輪郭をなぞる程度に触れることしかできなかったが、社会民主主義が日本で育たなかった要因を考察するうえでも、労働者層における創価学会＝公明党と革新勢力の支持の内訳を探ったもう少し奥行きのある研究が必要だろう。テーマとしては「創価学会と戦後日本の社会福祉」または「ソーシャルワークとしての創価学会」となるだろうか。その際一つの有力なフィールドになるのは「団地」ではないかと考えている。原武史の『レッドアローとスターハウス』には、団地における共産党と創価学会の交錯に触れた記述もある。

近年話題になった著作との関連でいえば、濱野智史の『前田敦子はキリストを超えた』もある意味重要だ。もともと本稿は濱野の著作への応答であり、ゼロ年代とテン年代の若者の実存を支える〈宗教〉がＡＫＢであるというのなら、それ以前に当の役割を果たしていたのは間違いなく創価学会のはずだ、というアイデアから書き始められた。当初の構想とはかなり違う展開になってしまったが、この「人々の実存を支えるものとしての〈宗教〉」という視点は、人びとのつながりが希求される現代においても十分に考察されるべき論点であると思う。

パットナムや山崎亮の『コミュニティデザイン』のヒット以降、宗教研究の分野においても宗教とソーシャル・キャピタルの関係はホットなテーマとなっているようだ（櫻井義秀・浜田陽編（２０１２）や大谷栄一・藤本頼生（２０１２）など）。その巨大さに比べ不可解なまでに学術的な蓄積の少ない創価学会だが、功罪含め彼らが都市における共同体として日本の戦後社会に果たした役割はもっともっと探究されるべきだろう。

さて、論じるべきことは多いが、ひとまずこれで本章を閉じる。次章からはいよいよ創価学会と政治の話である。

## 〈参考文献〉

アラム、ジュマリ（１９９４）「新宗教における『カリスマ的教祖』と『カリスマ的組織』―真如苑と創価学会を比較して」『何のための〈宗教〉か？―現代宗教の抑圧と自由』青弓社。

石井研士（２００７）「データブック 現代日本人の宗教 増補改訂版」新曜社。

井上順考、孝本貢、対馬路人、中牧弘允、西山茂編（１９９４）『【縮刷版】新宗教事典 本文篇』弘文堂。

猪瀬優理（２０１１）『信仰はどのように継承されるか―創価学会にみる次世代育成』北海道大学出版会。

大谷栄一・藤本頼生（２０１２）『地域社会をつくる宗教』明石書店。

ゲーパルト、リゼット（２０１３）、深沢英隆・飛鳥井雅友訳『現代日本のスピリチュアリティ―文学・思想にみる新霊性文化』岩波書店。

ゴードン、アンドルー（２０１２）『日本労使関係史 １８５３－２０１０』岩波書店。

櫻井義秀・濱田陽編（２０１２）『アジアの宗教とソーシャル・キャピタル』明石書店。

佐藤正明（１９６６）「集団成員の態度変容と価値志向―創価学会の場合」『社会学研究』第27号、東北大学。

塩原勉（１９７６）『組織の運動と理論―矛盾媒介過程の社会学』新曜社。

島薗進（２００１）『ポストモダンの新宗教―現代日本の精神状況の底流』東京堂出版。

島田裕巳（２００４）『創価学会』新潮社。

杉森康二（１９７６）『研究・創価学会』自由社。

鈴木広（１９７０）『都市的世界』誠信書房。

高原基彰（2009）『現代日本の転機―「自由」と「安定」のジレンマ』NTT出版。

谷富夫（1994）「創価学会をめぐる人間類型」『聖なるものの持続と変容―社会学的理解を目指して』恒星社厚生閣。

玉野和志（2008）『創価学会の研究』講談社。

東京大学文学部社会学会、東京女子大学文学部社会学科編（1963）『創価学会―現代日本における大衆組織と大衆運動』東京大学文学部社会学科。

中野毅（2010）「民衆宗教としての創価学会―社会層と国家との関係から」『宗教と社会』第16号、「宗教と社会」学会。

中野毅（2014）「戦後日本社会と創価学会運動―社会層と政治進出との関連で」西山茂編『近現代の法華運動と在家教団』春秋社。

縄田康光（2008）「戦後日本の人口移動と経済成長」『経済のプリズム』参議員http://www.sangiin.go.jp/japanese/annai/chousa/keizai_prism/backnumber/h20pdf/20085420.pdf#search='%E7%B8%84%E7%94%B0%E5%BA%B7%E5%85%89'（2015年6月現在）。

西山茂（1980）「創価学会」『講座日本の民俗宗教5　民俗宗教と社会』弘文堂。

橋本健二（2009）『「格差」の戦後史―階級社会 日本の履歴書』河出書房新社。

濱口桂一郎（2011）『日本の雇用と労働法』日本経済新聞出版社。

濱野智史（2012）『前田敦子はキリストを超えた―〈宗教〉としてのＡＫＢ48』筑摩書房。

ハモンド、フィリップ・マハチェク、デヴィッド（２０００）、栗原淑江訳『アメリカの創価学会―適応と転換をめぐる社会学的考察』紀伊國屋書店。

原武史（２０１２）『レッドアローとスターハウス―もうひとつの戦後思想史』新潮社。

堀幸雄（１９７３）『公明党論』青木書店。

ホワイト、Ｊ・Ｗ（１９７１）、宗教社会学研究会訳『ホワイト調査班の創価学会レポート』雄渾社。

松谷満（２００７）「ミリューの政治学―(3)ミリュー政党としての公明党」http://homepage2.nifty.com/chijiken/matsutani2007・pdf#search='%E3%83%9F%E3%83%AA%E3%83%A5%E3%83%BC%E6%94%BF%E5%85%9A%E3%81%A8%E3%81%97%E3%81%A6%E3%81%AE%E5%85%AC%E6%98%8E%E5%85%9A'（２０１５年６月現在）。

松谷満（２００９）「『保守補完』政党としての公明党―支持層における『非保守的』政治志向の抑止効果をめぐって」『アジア太平洋レビュー』第６号、大阪経済法科大学アジア太平洋研究センター。

吉川洋（２０１２）『高度成長』中央公論新社。

# 第2章

# 隠語化とサブリミナル池田先生効果

## ——創価学会サブカル漫画からみる公明党支援の語られ方

「安保法可決がなんぼのもんじゃい！そんな事ぐらいで自分の支持政党に疑心暗鬼？笑っちゃうよ（≧へ≦）まだまだにゃー！本物の信心はそんなもんやない！とことん信じて信じて信じぬくことや！ちゃいますか？疑あらば信なし！何のために信心しとんや！」

2015/12/15　22:31（2リツイート／5いいね）

「創価学会も公明党も、誰がなんと言おうと平和主義、民衆の幸福を追求する団体・政党である！

断じて魔になるな！信じ切って、人間革命して、幸福勝利をつかもうよ！」

2015/12/04　19:52（12いいね）

「@amachin888 公明党支援はそのまま広宣流布です。池田先生のご指導にも有ります！以上！」

2016/1/7　8:08（1リツイート）

「公明党がどうとか、この議員がどうとか、そんなことははっきり言ってどうでもよくて、活動すれば功徳出るんやからツベコベ言わずにやったらええんやで。」

2015/09/27　23:50（4リツイート／6いいね）

「公明党を支援できないというメンバーは弟子ではないです。自分勝手な理論をいくら展開しても魔に負けた姿を後世に証明する姿を見せていくだけです。」

2016/01/10　21:35（1リツイート／11いいね）

## 公明党支援の理由は会員ごとに様々

さて、それでは本書のテーマである、創価学会の公明党支援について考察していきたい。冒頭に引用したのは、２０１５年の安保国会から２０１６年7月の参院選にかけて、活発に発言していた創価学会員ツイッタラーのうち、継続的にツイートしていた方々の中からいくつかピックアップしたものである。

ツイートの文面にみられるように、「公明党支援」はそのまま「広宣流布」であり、広宣流布のための活動であるから、そこには当然「功徳」がある。つまりけっきょく選挙戦とは信心の戦いであって、その時々の政局や政策内容や支援する議員の資質などは「はっきり言ってどうでもいい」。公明党支援をできるメンバーこそが、広布の永遠の指導者である池田大作第三代会長の弟子であって、新聞などの世評に影響されて支援活動のできなくなったメンバーは「魔に負けた」のであり、本当の意味での「弟子ではない」。

本書の中心テーマは創価学会の公明党支援の論理を理解することであって、創価学会の教義自体について体系的な検討はしないが、すこしだけ紹介しておく。

広宣流布とは「仏法を広く世界に弘め伝えることによって平和な社会を築くこと」(創価学会教学部編、1985：462)であり、創価学会の歴史を通じてつねに中心的位置にある活動目標といっていい。また功徳とは、そうした根本の信仰目的と、みずからの日々の活動(御本尊への日々の勤行唱題、聖教新聞の拡大や折伏、学会員としての正しい信仰姿勢、過去世の宿業の有無など)とがアジャストしたときに、結果として出力されるものであるとイメージされている。

つまり公明党の支援活動に功徳があるという言明は、創価学会の信仰世界における究極的な目標に正しく直結した活動であるという信念を表明したものであると捉えることができよう。一言でいうと、「公明党支援は広宣流布のための信心の戦いである」ということ。これが世間一般でよく言及される**法戦**という言葉の意味のすべてであり、公明党は創価学会の宗教的目標を達成するために結成された正真正銘の政教一致政党なのだ。

と、このように簡単にまとめられるのなら苦労はない。そもそも先に引用したコメントはSNS上のものであって、創価学会を代表するものではない（冒頭で引用したメンバーの一人は本書執筆時点ですでにアカウントを削除している）。

また実際のところ、創価学会の活動家に対して公明党支援の理由をヒアリングしても、その答えは様々だ。公明党の政策が好きだ、（政策には違和感もあるけど）議員との距離が近くてすぐ話を聞きにいけるので納得しやすい、もともと候補者が自分の知り合いである、選挙をつうじて疎遠だった友人に会う機会ができるので楽しい、（成果を上げることで自分の所属する地域組織の）部長を日本一にしたい、などなど。

さらに、意外に思われるかもしれないが、公明党支援に功徳があるかについて、じつは創価学会員のなかに統一的な見解があるわけではない。相当な幹部のなかにも「選挙戦自体に功徳があるわけではない」と断言するメンバーは一定数いる。そもそも会の公式見解では「学会員の政党支援は自由である」ということになっている。

もちろん座談会などの集まりで「選挙戦」の功徳を語るメンバーもいるし、また決起大会等において候補者自身が「池田先生のご恩に報いるため」という信仰上の言葉でもってみずからの決意を語ることはある。が、それはインフォーマルな集まりに限られたものだ。(それだけで十分に問題だという方もいるだろうがひとまずは置いておくとして)すくなくとも公明党の選挙支援という実践が創価学会という宗教の公式教義に組み込まれることは現時点においてないといっていい(2)。

さらにこれは会員にも意識されていない点であるが、「池田先生のための選挙戦」という観念はひろく共有されているにもかかわらず、池田本人が公明党の支援を直接指示した実際のスピーチや文言を答えられるメンバーはあまりいない。

たとえば公明党支援に疑問をもつ会内のメンバーからの「本当に池田先生は公明党を応援しているのか」という質問に対して、大半のメンバーが根拠としてあげるのは、小説『人間革命』や『新・人間革命』の諸エピソード、または選挙後におこなわれる本部幹部会の同時中継で池田が見せたいくつかの労いのふるまい(両手をひろげてダブルピースしながらの「大勝利、おめでとう!」)などだ。が、前者はあくまでも小説の話であり、後者についても詳細な文言は皆ほとんど覚えていない。

つまりここには謎がある。公明党を支援する理由は会員ごとに様々である。小説『人間革命』以外で公明党支援を直接的に指示した池田の文言を思い出せる会員はいない。にもかかわらず会の総力をあげての選挙活動が継続され、池田のための選挙戦であるという観念が共有されている。

**一枚岩に思われがちな創価学会という組織にあって、公明党支援という多大な労力をさ さげる活動について実は様々な見解が併存しているということ。**

その様々な見解の分布状況や程度について調査すること自体、創価学会の公明党支援という活動を考察するにあたって必要な作業であることはいうまでもない。

が、本章では、なぜ多様な見解が並列したままになっているのか、多様な見解がありつつもここまで大規模な支援活動を長期にわたって継続できるのはなぜか、その構造と機能を分析したい。

2　ただ本稿執筆中の２０１７年７月８日、巣鴨の東京戸田記念講堂で開催された本部幹部会において、原田稔会長が、同年７月２日に投開票がおこなわれた東京都議選で、候補者全員当選をはたした公明党について、「不二の師弟の凱歌」「一人一人の信心の凱歌」という信仰上の言葉で直接的に祝福するという指導をおこなった（「聖教新聞」２０１７年７月14日付）。この点については第５章にてくわしく論じる。

第１巻には、矢島地区リーダーの上役として、大田原本部長というあきらかに前公明党代表をモデルにしたと思わしき人物が登場する（『花の三丁目地区 第１巻』：88ページ）

## マンガから探る公明党支援の意味

そこで本章が行うのは、筆者自身が学会員であることを利用した詳細かつディープな創価学会内部のフィールドワーク、ではない。創価学会についての議論が罵倒と称賛に引きさかれている現状では、ほとんど脱会者による暴露本と大差のない受けとめ方をされて終わるだろう。

そもそもたとえ会員同士であることが相手に周知されていたとして、公式なインタビューの場を設定した場合、「あなたは池田先生のために公明党を支援していますか」と聞かれて、「はい、私は池田先生のために公明党を支援しています」などと真っ正直に答える現役会員はまずいない（池上彰の選挙特番で高齢の婦人部に街頭インタビューしたものが――「選挙やると功徳がでる」とのテロップ付きで――放映されたことがあったが、報道として必要であることは理解しつつ、やはり同じ学会員としては心が痛む）。ここには別のアプローチが必要とされている。

創価学会員にとって公明党支援とは何を意味するのか。この、自明でありつつも謎に満ちた一大テーマに取りかかるにあたって私が分析対象とするのは、マンガである。

一般にはあまり知られていないが、じつは創価学会は日本のマンガ文化に少なくない貢献をしている。かつて創価学会の外郭団体である潮出版社は『コミックトム』というマンガ雑誌を発刊していたが（現在もＷＥＢコミックトムとして継続中）、そこでは横山光輝『三国志』、手塚治虫『ブッダ』、安彦良和『虹色のトロツキー』といった日本マンガ史を彩る名作のほか、藤子・Ｆ・不二雄や諸星大二郎など、錚々たる執筆陣が連載をしていた。創価学会はマンガ文化に理解のある、とてもいい宗教団体なのである。

そんななか、本章でおもに取りあげるのは『花の三丁目地区』、『バリバリ君』、『あおぞら家族』の3作品だ。どれも『聖教新聞』や『創価新報』といった主要メディアで長期間連載された作品であり、会内メンバー向けの創価学会版日常マンガの代表作といっていい。公式イデオロギー小説である『人間革命』とは違って、外部からは言及されることもほとんどない創価学会サブカルとでも呼ぶべき一連の作品群だ。

しかし広布拡大の日々を生きる学会員の慰撫を目的として連載された上記3作品は、その分、同時代を生きる創価学会員の生活を色濃く反映している。もし未来の宗教研究者が、20世紀後半から21世紀前半の創価学会員の世界観を再構成しようとする場合、まず第一に言及されるべき一級の研究資料であるといっていいだろう。これら創価学会サブカルにおける政治の語られ方（または語られなさ方）の考察を通じて、創価学会と公明党をめぐる議論の混乱を整理するための資料的足がかりとしたい。

ただ、はじめにいっておこう。**上記3作品に、公明党が登場することはほとんどない。**

たとえば、まっと・ふくしまの『花の三丁目地区』である。1983年8月3日の『創価新報』から連載が開始され、2014年5月7日に完結した。地区リーダーの矢島（現在は地区部長）を中心に、火の信心の平木、根暗な葉庭くん、活動しない男・西田など、個性豊かなメンバーがそれぞれの悩みに向き合うなかで信仰の確信を深めていく内容となっている。

2017年現在でも続編として『はなさん』が連載されていることや、『矢島本部長のなるほどトーク』や『ヤン男・金城くんの情熱対話』などの派生作品も多いことなど、創価学会員に最も愛されているマンガ作品の一つといっていいだろう。

そんなバリバリの活動家たちの日常マンガなら、さぞかし公明党支援の激闘を描いた「選挙回」が登場するだろうと想像されるかもしれない。が、紙版コミックスで全12巻、電子書籍では全23巻（本書執筆時）におよぶこの作品のコミックスに、選挙戦を描いた回はじつは一度も収録されていない。それどころか「公明党」という言葉が登場した話でコミックスに収録されているものは、「青年よ 政治を監視せよ！」と題された回（第14巻所収）だけである。描かれ方も党を絶賛する内容ではなく、政治家に慎ましやかな生活を求めるもので、かなり抑制のきいた表現になっている。創価学会について何も知らない人が本作を読んだとして、同会が公明党を激烈に支援している集団であると思う人はおそらくいないであろう。

ちなみに『花の三丁目地区』第１巻には、矢島地区リーダーの上役として、大田原本部長というあきらかに前公明党代表をモデルにしたと思わしき人物が登場する。が、やはり太田原本部長が選挙に立候補する回が描かれることはなかった。

次に検討するのは、井上サトルの『バリバリ君』だ。『聖教新聞』紙上で１９６８年から２００３年の長期にわたって連載された４コマ漫画であり、30歳以上の学会員にとってきわめてなじみ深い作品といえる。

おもな登場人物は、主人公の幸福バリバリとその両親の福造と徳子、妹のパリちゃんとピヨちゃん、弟のリキくんからなり、壮年部・婦人部から未来部まで、創価学会員の日常を幅ひろくカバーする家族構成となっている。『花の三丁目地区』と並び、20世紀後半の創価学会員の日常を描いた作品として、特筆されるべき位置にある傑作であると私は考えている。

連載開始の1968年といえば公明党結党の4年後にあたり、創価学会と公明党のあゆみの多くをともにした作品だといえるはずである。が、全16巻におよぶコミック『バリバ

唯一選挙について語った回
(『バリバリ君 第7巻』：109ページ)

リ君』に、公明党という文字が出てくる回は、ただの一度も収録されていない。もっといえば、政治が話題になる回自体――活動に出かけることを面倒くさがる福造の背景に、「三木内閣不信任案」との文字が映ったテレビが描かれた回（第６巻：49ページ）など――じつは数えるほどしか存在しない。

そんな中、ただ一度だけ選挙について言及した回が収録されている（第７巻：１０９ページ）。

おみやげをリクエストするリキくんとピヨちゃんに対して、投票に出かけるバリバリ君は一言、「金のかかる選挙はきらいだ」と応える。読んでしまえばなんでもないシーンである。だが、公明党が結党以来、政界浄化や金権腐敗の一掃を主張してきた政党であることを想起する必要はあるだろう。すくなくともバリバリ君は、当時の公明党が主張していた政策や理念におおよそ親和的な活動家であると推測することは許されるのではないだろうか。

こうした〝ほのめかし〟のようなシーンは、芝しってるの『あおぞら家族』においても引きつがれている。

『あおぞら家族』は『バリバリ君』の後継にあたる４コマ漫画であり、２００３年４月１日より『聖教新聞』に掲載され、２０１６年７月15日の第４０００話をもって連載を終了した。10年以上ものあいだ毎日掲載されているにもかかわらず、単行本は2巻分しか刊行されていない。作品内で交わされる会話も会員以外にとっては意味不明で、2chやNAVERまとめなどのあらゆるネットメディアで酷評されている（が、子供と小動物の描かれ方に抑圧されたリビドーのようなものが時として感じとれ、私は好きだ）。

単行本が2冊しかないこともあり、本章を執筆するにあたっては、連載期間中にあった計10回の衆院選および参院選投票日の前3カ月と後1カ月分の連載を見直した。が、やはり上記2作品と同じく公明党という文字は一度も出てこなかった。

ただ『バリバリ君』と同様に、メンバー内部にだけ伝わる〝ほのめかし〟のようなシーンの存在を指摘することはできる。

たとえば政治家の心根を判断するものについて「それは実績に表れる！」と断言する女子部の二人（右：山野幸子、左：海野佐知子）の会話が描かれた回。この回が『聖教新聞』に掲載されたのは2007年4月20日であり、奇しくも同年4月8日と22日に投票のおこなわれた第16回統一地方選挙の間となっている。

当該回がコミックスに収録された際は「実績」というタイトルがつけられている（芝2013b：15）。この言葉は、自民党と連立を組むようになって以降に活動のなかで頻繁に語られるようになった表現であり、与党になったことのない共産党への優越をしめす

『聖教新聞』2003年10月21日付

『聖教新聞』2016年7月9日付

『聖教新聞』2007年4月20日付

際に引き合いに出されることが多い。ちなみにどの政党のことを指すのかは不明だが（明白だが）、同年7月の4月13日と19日には「実績横取り（党）」を非難する回が二度にわたって掲載されている。

また、２０１６年の参院選投票日の前日、7月9日の『聖教新聞』には「戦いは最後まで執念のある人が勝つ！」「皆で勝利の歴史を残そう」という決意を交わし合う青年部員の様子が描かれている。こうした回の掲載はほぼ選挙のたびごとにあり――「ぬお～！負けてたまるか！」「もう少しだ！」などと励ましあいながら古頃弘と石野つよしがただ坂道を登るだけの回(2005年9月9日、第44回衆院選の投票日の2日前)、空野彼方が洗面所で残り少ないハミガキ粉のチューブを絞りきって「最後まであきらめない!」と謎の決意を述べる回(2007年7月28日、第21回参院選投票日の前日)など——毎度おなじみの光景となっている。

ただ、ここで語られるのは戦いの勝利への決意であって、どこの政党の勝利であるのかについての明示がなされているわけではない。紅組ガンバレ、白組ガンバレ風に、『聖教新聞』と芝しってるは、すべての政党の健闘を願う公正無私なメディアである可能性もある。

この点でとくに興味深かったのは、コミックの収録に際して「負けて」と題された回だ(芝2013a:102)。「仏法は勝負」「負けてはダメ!!」との会話を交わす二人の婦人部(1コマ目右:木賀菊代、同左:面堂かけ代)が描かれているが、注目されるべきは1コマ目の背景の壁にある。メガネを掛けた男性が腕を曲げて「やる!」との気合をかけているポスターのようなものが確認されるだろう。

当該回が掲載されたのは2003年10月21日であり、これは第43回衆院選の公示のちょうど一週間前にあたる。この時に公明党が作成した選挙ポスターについて確認は取れなかったが、当時の『公明新聞』を調べてみると、同選挙に向けて公明党が用意したマニフェ

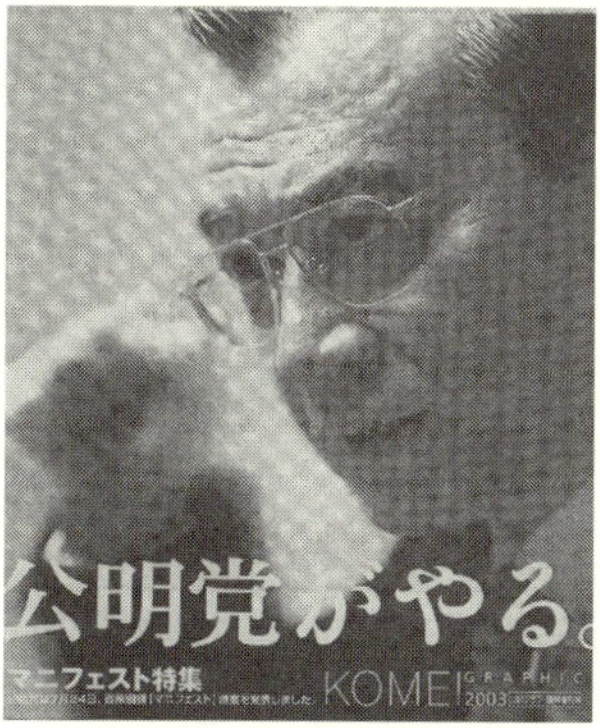


『公明新聞』2003年8月17日付

スト原案の表紙画像がみつかった。それが次のものだ。実際の表紙に記載されたキャッチコピーは「公明党がやる。」であり、公明党という主語がない点や、感嘆符のあるなし等、いくぶん異なる点はある。だが、神崎武法代表（当時）のポージングも含め、だいたいにおいて公明党のマニフェストをイメージさせるものであることは了解されるだろう。

以上、『花の三丁目地区』、『バリバリ君』、『あおぞら家族』といった創価学会サブカルを題材に、創価学会公式メディア上での公明党支援の表象のされ方を検討してきた。

文言だけを読めばなんでもないが、それまでに公明党が主張してきた政策や、掲載された時期、またはその回がその時期に『聖教新聞』において掲載されていること自体の意味などの文脈を勘案すれば、当該回の掲載をもって公明党への投票を組織的に要請したものである、と結論することもできなくはない。が、このような分析は、「『聖教新聞』というメディアは創価学会（員）にとっていかなる存在か」、または「『聖教新聞』に掲載されるとは創価学会員にとっていかなることを意味するか」についての研究が先行すべきであろう。

探求のこの時点においては限定的かつシンプルに、**すくなくとも現在の創価学会の公式メディア上において、公明党支援を信仰活動として描くことについてはきわめて慎重な配慮がなされている、**と指摘するにとどめよう。

## 隠語化する公明党支援

創価学会員の日常を描いた作品の中に公明党支援の場面が極端に少ないこと。これは現在の創価学会員の日常生活において公明党の支援活動が、言及する必要もないほど比重が少ないことを意味する、というわけではもちろんない。

「公に支持を決定した支援団体」としての範囲では、きわめて積極的に公明党への支持が語られる。選挙期間になると、ただでさえ1面ほどしかない『聖教新聞』の政治・経済面の大半が公明党の記事で埋まる。現在の創価学会において、すくなくとも信仰や教義に関わる文脈で公明党支援を公に語ることはないという事実を表すにすぎない。

では学会員の公明党支援はあくまでも支援団体としてのものであって、組織からの伝達事項の中に信仰心が介在することはないかといえば、全くそうではない。たとえば２０１６年7月10日の参院選投票日の翌日、『聖教新聞』灘販売店から我が家に以下のようなＦＡＸが送られてきた。

「地区の皆様へ

昨日の参議院議員選挙におきまして、皆さまの献身的な支援のおかげで、関西完勝、全国完勝という常勝関西の底力を満天下に示す、新時代の〝まさかが実現〟の大勝利を飾ることができました。

本当に、本当にありがとうございました。

昨年後半から約10ヶ月にわたる長期の闘争となり、情勢も大変厳しい戦いを強いられました。

しかし、特に兵庫においては、かつてない劣勢を、関西同志の団結の信心で、見事にはね返すことができました。

これもひとえに、皆さまの戦いのおかげであります。

重ねて御礼申し上げます。

うれしいことに、

『大勝利、おめでとう。暑い中、本当にご苦労様でした。皆様に、呉々も宜しくお伝えください』

とのご伝言を頂戴しました。

大変におめでとうございます。」


お気づきだろうか。気づかない方もいるかもしれないのでもう一度読んでほしい。じつはここに「池田先生」という文字はない。よく読めば「公明党」の文字もない。主語と目的語の欠落した、ただ大勝利を喜ぶだけの文章だ。しかし文中にある「ご伝言」の送り手を原田会長だと考える会員はいないし、参議院選挙の大勝利を野党連合の議席獲得のことだと考える会員もいない。この『聖教新聞』灘販売店からの怪文書は、地域組織の中で違和感なく流通している。

以上のように、現在の創価学会は、教義上の文脈で公明党支援を公に語ることはしない。しかし現場の会員は、公明党支援は池田先生のお心に応える戦いであるとのメッセージを、つまり選挙活動は広宣流布であるとのメッセージを受け取りつづけている。金のかかる選挙への嫌悪、実績、悔いのない戦い、神崎元代表によく似たポスター、そして選挙翌日に届けられる「ご伝言」。ひとまず次のようにまとめていいだろう。

**公明党支援は隠語化している。**

## サブリミナル池田先生効果

また、公明党についての語りは隠語のみではない。参院選の公示日翌日の２０１６年６月23日付の『聖教新聞』には、「師弟勝利の旗高く」というタイトルの座談会記事が掲載されている。話者は原田会長、長谷川理事長、永石婦人部長、竹岡男子部長、清水女子部長の５名（役職は当時）である。座談会では冒頭で沖縄の話題に触れた後、以下のように会話が続いていく。

「清水　本年は、『大阪の戦い』から60年です。小説『人間革命』第10巻『険路』の章には、６月12日の朝の出陣の様子が綴られています。『この日から、山本伸一は、御本尊への祈りに、新たな一つの祈念を加えた。それは、大阪のいかなる人であれ、このたびの戦列に加わって、味方となることであった』と。

原田　法華経の文に『魔及び魔民有りと雖も皆仏法を護る』（御書１２４２ページ）とあります。どんな人でも味方にしていく。敵をも味方に変えていく――この祈りこそ、広布拡大の鉄則です。私たちは、師匠と心を合わせた祈りと戦いで、新たな広布の金字塔を、断固と朗らかに打ち立てていきたい。

長谷川　師弟勝利の７月へ、一人一人が自身の壁を破り、過去最高の友好拡大を成し遂げ、世界広布新時代の〝まさかが実現〟を達成していきましょう。

（『聖教新聞』２０１６年６月23日）

## 小さな声を聴く力

竹岡　さて、７月10日に投開票される参院選が公示されました。

清水　今回は、『安定の自公』か『混乱の野党勢力』かを問う選挙と言われています。」

上記の引用のあとは、「野合」勢力たる野党の批判を折り込みつつ、近年公明党が達成した諸政策をほめあげる記事がつづいていく。

文中にある「大阪の戦い」とは、若き日の池田大作の指導の下に行われた1956年の参院選の戦いを指す。当時28歳だった池田は指導者として5月の一カ月間に11111世帯という奇跡的な折伏を成し遂げ、元プロ野球選手の白木義一郎の当選を見事勝ち取る。当時ただの弱小勢力にすぎなかった創価学会の議席獲得は「まさかが実現」と驚愕をもって世間に受け止められ、当の戦いが収録された第10巻（単行本換算）は全12巻におよぶ小説『人間革命』の一つのハイライトとなっている。

つまり大阪の戦いとは学会員にとって「負けられない師弟の戦い」を意味するわけだ。小説『人間革命』を中心とした創価学会の真実の歴史という**読解のコード**を共有している学会員にとって、大阪の戦いへの言及が、選挙への信仰的な背景をもった激励であると了解することは困難ではない。

ここで注目されるのは、小説『人間革命』や御書といった信仰活動の中心にあるテクストに触れつつ、また「師弟勝利の7月」へと信仰実践への呼びかけを行いながら、そうした「**信仰実践の呼びかけ**」と「**公明党の支援活動**」を「**さて**」という言葉で**切断し**——**あいだに**「**小さな声を聴く力**」**という小見出しまで挟んだうえで**——、**立て分ける仕草**にある。つまり信仰の語りと政治の語りは、「連続」はしていても「連結」はしていない。ただ隣に並んでいるのである。

こうした所作は創価学会本部幹部会の同時中継においても散見される。とくに竹岡男子部長（現在は青年部長）の幹部指導などに顕著だ。

スピーチの前段で池田会長の広宣流布の戦いに言及し、突如話が変わって、公明党の実績が語られ、共産党が批判され、最後は日蓮の御書を引用して締めくくる。この一連の語りの中で、**公明党の支援活動を宗教的に意義づける言葉**はじつのところ一度も語られない。しかし、池田先生→公明党→御書というくだりを続けて聞く会員にとって、それらは「広宣流布のための戦い」という信仰活動の大枠のなかで、違和感なく結びつくことになる。

池田先生はすごい。公明党は頑張っている。御書は正しい。座談会の会場宅には当たり前のように公明党のポスターが貼ってあり、選挙前になると公明党の活躍を紹介したDVDを毎回みる。「活動者大会」という名称で開かれる公明党支援の報告会もある。信濃町の書店・博文堂光堂の正面入り口すぐの平台には公明党の候補者の新刊が並べられ、店頭にはコメ助人形（公明党公認のマスコット）が吊るされる。

日々の『聖教新聞』、座談会、同時中継、そして選挙後の「ご伝言」。これらの情報を日々の活動の中でくりかえし摂取し続けることで、教義上の言葉で公明党を正当化することなく選挙活動を信仰的に動機づけるというアクロバットが可能となる。これをひとまず**サブリミナル池田先生効果**（以下ＳＩＳ効果）と呼ぼう。

## 『聖教新聞』は「池田先生からのお手紙」

隠語化とＳＩＳ効果。ここまでの記述をとおして、ひとまずは『聖教新聞』という特異なメディアを読解するための準備に区切りをつけたい。もちろん会員と同レベルに読解するには、日々の活動や、日蓮教学用語への最低限の理解、小説『人間革命』の諸エピソードへの習熟等が必要となるが、本書ではそこまで踏み込まない。

ここでは最後に、選挙前後の『聖教新聞』の紙面全体を読むことをとおして、「創価学会公式メディアを読むための道具」としての隠語化とＳＩＳ効果という仮説の有効性を検証することで総括としよう。

『聖教新聞』とは「池田先生からのお手紙」とも称されるメディアである。『活動のなかで『聖教新聞』を読む行為は「先生と呼吸を合わせる」とも表現され、会合に友好活動にと多忙なスケジュールのなかにいる学会員にとってきわめて重要な機能をもっている。そうした中にあって会員が先に目を通すのが、一面に常設されている「わが友に贈る（月曜のみ『今週のことば』に名称が変更）」と「寸鉄」という一言コーナーだ。
たとえば2016年の夏の参院選が終わった翌日、7月11日の『聖教新聞』をみてみよう。「今週のことば＝わが友に贈る」は次のようなものだ。

異体同心の勝利、万歳！
金の汗光る宝友に
『心の財』は無量なり。
希望と信頼のスクラムを
いやまし未来へ！

そして同日の「寸鉄」は以下。

☆

我らは堂々やりきった！福徳は三世に。広宣流布の大長征へ不動の決意で

男子部結成記念日。さあ正義拡大のチャンス到来だ。次なる開拓の先陣を

聖教新聞

日本列島に晴ればれと勝利の旗

偉大な正義の同志 万歳

名誉会長 婦人部に和歌

晴ればれと
勝利の旗が
翻る
貴女の心は
三世の功徳と

兵庫の尼崎

東京の足立・北

東京、大阪、神奈川、兵庫、沖縄
各地で英雄凱旋の集い

神奈川の保土ケ谷・旭

世界一の歌声
創価合唱団
新団員を募集

香川でワイルドスミス展
夢を広げる色彩のファンタジー

ポーランド独立記念日

大成建設

☆

御聖訓「礼儀いささか・をろかに思うべからず」。感謝の言葉を即座に友へ

☆

宗教は万人を結合する為に現れた——文豪《トルストイ》。ＳＧＩは「地球民族主義」を体現

☆

公明よ、ここからが真の戦いだ！大衆の為の政治へ死に物狂いで奔走せよ

以上である。勝利を祝う言辞があり、福徳が保証され、宗教活動の根幹にあるテクストである御書から一節を引用し、

公明党への叱咤激励で〆る。参院選での公明党の勝利を寿ぐ内容であることは、会の内外問わず一読して明瞭ではあろう。

しかし、やはりここでも直接的に「公明党の大勝利」や「選挙支援による功徳」という言葉遣いがなされることはない。宗教の言葉と、政治の言葉。それらは選挙の終わった翌日の『聖教新聞』の中で、ただ隣に並んでいるだけである。

ただ、安保法制をめぐる内外の情勢を考慮したためか、2016年時の表現は（これでも）いくぶん抑えめとなっている。公明党が与党になった1999年以降に絞っていくつか引用してみよう。

前ページの写真は、第43回衆院選の投票日の3日後、2003年11月12日付の『聖教新聞』だ。一面には大文字で「日本列島に晴ればれと勝利の旗」「偉大な正義の同志 万歳」とあるのが確認できるだろう。左上には池田から婦人部宛に「広宣流布の新たな金字塔を打ち立てた全同志の大勝利を心から讃え」て詠まれた和歌が掲載されている。よく読めば、主な内容の欄に「21世紀初の衆院選 公明党が大勝利」との文字もある。

会合の写真が掲載されているのは兵庫の尼崎、東京の足立・北、神奈川の保土ケ谷・旭の三カ所であり、これはもちろん小選挙区において公明党の議員が立候補し（尼崎→冬柴鉄三、足立・北→太田昭宏、保土ヶ谷・旭→上田勇）、当選した地域にあたる。

そして「寸鉄」の欄は次だ。

天下をあっと言わせた大勝利！列島に轟く勝鬨。我らは厳たる日本の柱！

☆

「人間がなす最も素晴らしいことは、人に光を与える仕事」英雄《ボリバル》。創価万歳

☆

公明党「875万票」の金字塔。全議員が支持者の期待に全力で応えよ！

☆

「週刊新潮の記事は伝聞と憶測ばかり」判決。1年で19回断罪の〝妄毒雑誌〟

☆

共産惨敗「党幹部に責任はない」と委員長。何たる無責任。ああ見苦シイ、（強調点原文）。

いかがだろうか。あまりに濃密な創価学会的パワーワードの連続に面食らってはいないだろうか。「偉大な正義の同志」の勝利を祝福しつつ、公明党にエールを送るのは先ほどと同様だが、返す刀で共産党をディスるあたり、洗練された様式美を感じさせるものがあ

る。

一応解説しておくと、文中にある「日本の柱」とは公明党の結党大会において掲げられたタレ幕にも書かれていた言葉であり、基本的には結党50年を迎えた公明党とそれを支える我ら学会員の奮闘の歴史を背負った表現であるといっていい。日蓮教学に詳しい人には、この言葉が、五大部の一つ『開目抄』の有名な一節――「我日本の柱とならむ我日本の眼目とならむ我日本の大船とならむ等とちかいし願いやぶるべからず」云々――に由来することも了解されるであろう。また、繰り返しになるが、どれほど近接していようとも、公明党を直接的に宗教的に意義づける言葉は、ここでも周到に回避されている。

それでは最後に、第16回統一地方選挙の投票日の2日後の2007年4月24日の『聖教新聞』を引用する。見出しは「全国が完勝 同志に感謝」。紙面の上部には大きく「『戦い切った』喜びの勝鬨」と大書しており、記事の冒頭では「広宣流布へ！『法華経の兵法』で快進」と縦書きされている。そして「寸鉄」は以下だ。

☆

列島に響く栄光勝利の大万歳！尊き同志に日本中が驚嘆。日本の柱は厳然。

「創価学会は、人類に最高の啓発を与える」博士《マリノフ》。偉大な師匠（強調点原文）と未来

へ快進

「正」と「副」の金剛の団結が勝因だ。異体同心の大金字塔。福徳よ輝け。
☆　☆　☆
「勇気には、もうこれで充分ということはない」作家《イギリス》。さあ新しき挑戦を。
☆　☆　☆
お世話になった友人に心から御礼を。素早い反応こそ、信頼を深める力だ。
☆　☆　☆
そしてこの前日、つまり投票日の翌日、４月23日の「わが友に贈る」は次の文章だ。

尊き尊き皆様方の
広宣流布の大闘争
本当に御苦労様！
師弟の勝利　万歳！
新たな時代の開幕だ。

聖教新聞

全国が完勝 同志に感謝

「戦い切った」喜びの勝鬨

広宣流布へ！「法華経の兵法」で快進

「勝利の大道」

——師に誓ったあの日から

東京・関西の創価学園

5月に自由見学会を

山口 大獅子吼月間



引用してみてあらためて思うが、購読者一般に対して「本当に御苦労様！」という慰労の言葉をかける新聞はなかなかないだろう。たとえるなら株価の上がった日の翌日の日本経済新聞が「企業の皆様、お疲れ様！」と呼びかけるようなものだ。

読み手を激励する新聞、これを理解するには「**池田先生からのお手紙**」という先に言及した前提を意識する必要があるだろう。

たとえば「寸鉄」の欄などには「追撃の手を緩めるな！と恩師」という表現が頻出するが、その恩師という漢字には「とだせんせい」とのルビがふられている。会員一般に対してご苦労様と労うことができるのも、戸田第二代会長を恩師と呼ぶことのできるのも、基本的には池田第三代会長をおいてほかにはいない。

つまり、**『聖教新聞』とは広布の指導者である池田から会員への日々の激励の手紙である。**逆にいえば、**『聖教新聞』に掲載されたという事実は、池田という宗教的権威からの公認を得たものであるとして会員には受容される。**

これまで公明党が掲げてきた政策理念とは距離のあるものにみえた安保法制をめぐるゴタゴタのなか、ほとんどの会員がこれまで通りの選挙支援を継続できたのも、また反対派の会員たちが「現在の執行部は池田先生に正しく情報を伝えておらず、組織の権限をはく奪された状態にある」というロジックで批判をしてしまうのも、公式メディアを通じて発

『聖教新聞』2007年4月23日付

信される情報はすべて池田の目を通したものであるという会員相互の共通理解を認識しておく必要があるだろう。これを「**承認装置としての『聖教新聞』**」と呼んでおく。

池田の意思は創価学会という組織から伝達される情報の細部にまで浸透していると観念されている。その『聖教新聞』が変わらず公明党を肯定し続けているからこそ、会員の大半も変わらずに選挙活動を継続することができるのだ。ちなみにどうでもいいが、同日の4月23日の『あおぞら家族』は前ページのとおりだ。

以上、選挙直後の『聖教新聞』をいくつか確認してきた。公明党支援は学会員に強制されていないという公式見解と、公明党支援をしない創価学会員は池田先生のお心に背いているという非公式だが広く膾炙《かいしゃ》した主張が併存しているのも、上記の理由による。

つまり**ＳＩＳ効果ゆえに公式で語らなくとも公明支援を宗教的に動機づけることが可能となり、また隠語化しているゆえに読解のコードを通じて読み取ったことによる不利益はメッセージを送信した組織本体ではなく解釈して受信した会員個人に帰責することが可能となる。**本章の冒頭で示した矛盾する言明、公明党の支援活動は池田先生のお心に応えるための戦いであるという言明と、池田先生は公明党支援を命令していないという言明の両立は、隠語化とＳＩＳ効果という二つの操作をつうじて達成されるのである。

## 公明党支援をめぐるダブル・バインド

以上、会員向けマンガと『聖教新聞』の読解をつうじて、創価学会メディアにおける公明党の語られ方を考察してきた。

従来、創価学会と公明党の関係については政教分離原則とのかかわりの中で言及されることが多かった。これを憲法20条の壁と呼んでおこう。しかし創価学会の公明党支援には、もうひとつ越えねばならない壁がある。それが会員の思想信条の自由だ。これを憲法19条の壁と呼ぼう。憲法20条の壁と憲法19条の壁。隠語化－ＳＩＳ効果システムは、この両者をクリアするという長年の労苦のもと編み出された。

しかし、隠語化とＳＩＳ効果とて万能ではない。公式で語らないという事実は、公式で語ることが許されない内容であるというメタ・メッセージ――「公明党支援は池田先生のお心に応えるための信心の戦いだけど、このことは創価学会員以外にいってはダメだよ」という意味内容――を含む。しかしこれらはメタ・メッセージであるがゆえに、提示された文章を字義どおりに読むメンバーがいることを排除できない。

つまり隠語化－ＳＩＳ効果システムは、「会員個人の政党支援は自由であるというのが公式見解なのだから、私たちは公明党を応援する必要はない」と断言してしまう会員や、

「池田先生が公明党を支持しているのは実際明白なのだから、公明党を批判する会員は池田先生の弟子ではない」という発言を公の場でしてしまう会員などが一定数輩出されることを許容する仕様となっている。

この二者のうちの後者、支援活動に熱心なメンバーは組織にとって問題ないといっていいだろう。時として狂信化することはあれど、組織目標を達成するにあたっては重要な戦力となる。また、公明党支援に非協力的なメンバーを（会の公式見解とは表むき異なるのであくまで自発的にという形で）排除することで組織内の結束に一役買っている。

ただ前者、公明党支援に賛同できないメンバーにとって、現在の支援体制は基本的に（地域によっては相当に）居づらいものであることが想像されよう。とくに今回の安保法制などで可視化されたように、公明党の政策に強い拒否感をもつ会員は、公式的には所属が許されているが、実際上は信仰心まで否定されるという、典型的なダブル・バインドにさらされている状態にある。

なぜ創価学会は、一部の会員の信仰心を傷つけてまで公明党支援にひた走るのか、なぜここまで煩雑な仕組みを構築してまで公明党支援を継続するのか。以下の本稿では、それを戸田・池田両会長の過去のテクストを振り返ることで確かめてみたい。

コラム
## 公明党を積極的に語るようになる『バリバリ君Jr.』

会内での認知度は高くないが、井上サトルは『聖教新聞』の連載を引退後、第三文明社のWEB上において『バリバリ君Jr.』という作品を連載していた（現在もWEB上に掲載されている）。この作品は名前の通り『バリバリ君』の後継に当たる作品であり、頭に白髪の生えた幸福バリバリと思わしき人物（明示はされていない）とその息子を中心に、その月に発刊される雑誌『第三文明』の記事をマンガで紹介するという内容となっている。ちなみにバリバリ君の親の幸福福蔵と徳子は出てこない。死んだのかもしれない。

本稿にとって重要なのは、連載第30話や第40話や第42話において、登場人物たちが公明党の政策に喝采を送るシーンが描かれている点だ[3]。これは一見、本章で提示した隠語化仮説への明白な反証事例にみえるだろう。公明党が結成されてから50年が経ち、与党としての実績を積み重ねてきた現在において、より率直に公明党への

3　『バリバリ君Jr.』第42話。http://www.daisanbunmei.co.jp/3rd/baribari/42.html。

支持を組織として表明するようになったと考えることもできよう（この点については第5章で検討する）。

しかし第三文明社は聖教新聞社と異なり創価学会の組織ではない。もちろん池田名義の記事等が連載されはするが、基本的には会外部向けの言論機関という位置づけである。

またここが重要なのだが、『Jr.』においては、前作にあった勤行や唱題、折伏といった宗教的行事の描写が一切ない。地域活動や新聞配達などの信仰活動をにおわせる姿は描かれているが、それが創価学会員による家庭訪問や『聖教新聞』の配達であるとは明示されておらず、奇妙なほどに宗教的色彩の脱色された作品となっている。

つまり表現されたものだけを受け取れば、創価学会に理解のある家族やその周囲にいる人たちが公明党の政策に感動しているというだけであって、信仰活動として公明党を支援する姿は、かつてと同じように一切描かれていないわけだ。

井上サトルという生粋の学会系漫画家がはじめて表立って公明党を描いたという事実を通じて、逆説的にだが、公的な支持／私的な信仰活動というレギュレーションが現在においても維持・貫徹されていることを確認することができるといえよう。

## 〈参考文献〉

井上サトル（1971－1991）『バリバリ君（第1－16巻）』聖教新聞社。

芝しってる（2013a）『あおぞら家族セレクト　2003年4月－2004年12月』鳳書院。

―（2013b）『あおぞら家族 Vol.2』鳳書院。

創価学会教学部編（1985）『新版 仏教哲学大辞典』聖教新聞社。

まっと・ふくしま（1986－2015）『花の三丁目地区（第1－23巻）』聖教新聞社。

『大白蓮華』(1949年〜)。
『聖教新聞』(1951年〜)。

# 第3章

# 信仰の、信仰による、信仰のための政治

## ――戸田城聖の時代

「わかりました。政治の分野についていえば、私たちがこんどのような支援活動を一生懸命にやったのは——私たちの土壌から識見、人格をそなえた真の革新的政治家を、なんとか育てたいという悲願からなんですね。そこで今回、その一歩を踏み出した……」

「そうなんだ。しかし人びとは政界への進出の野心でもあるようにとるだろう。いつの時代でも世間というものは、そういうものなんだなぁ。」

（池田大作『人間革命第十巻』、289）

…われらが政治に関心をもつゆえんは、三大秘法の南無妙法蓮華経の広宣流布にある。すなわち、国立戒壇の建立だけが目的なのである。

（戸田城聖『戸田城聖先生巻頭言集』、204）

## 創価学会は政治参加をどう意義づけたのか？

ここから最終章までは、いよいよ創価学会の政治進出過程について検討する。第３章が対象とするのは、第二代会長・戸田城聖の時代だ。

国および地方において50年以上もの間活動をつづける公明党の支持母体である創価学会の政治参加のそもそもの理由を考察することは、それ自体に十分に社会的意義があるといっていいと思う。ただそれ以外にも、本稿には「実践的な」関心がある。それはポスト池田時代の会のあり方に関わる。

「はじめに」で述べたように、安保関連法が制定されるに際して、創価学会のなかでも多少の混乱があった。安保関連法に抵抗感のあるメンバーからは「現在の公明党は池田先生の教えに反している」との訴えかけがあり、公明党に賛同するメンバーからは「党に反対するメンバーは池田先生の弟子ではない」という非難があった。今回の危機に際して学会側がどのように対応したかは第5章で論じるが、ここでひとついえるのは「本当の池田の思想」を論点とした闘争が創価学会の一部で繰り広げられたということだ。

「本当の池田の思想」をめぐる争い。その詳細に立ちいることは、おそらく会員外の読み手にとって興味のないことであろうし、筆者にとっては辛いことなので（だれだって身内の争いは見たくないだろう）、今回はしない。ただ、大きくいって双方とも、①池田をふくんだ創価三代の会長の思想が正しいこと、および②それら正しい思想が公明党の政策に反映するべきであること、の2点については共通している。異なるのは、その正しい思想が実際に公明党の政策に反映しているか否かについての評価である。

そこで本書が行うのは、現在の公明党はほんとうに池田ら歴代会長の指導を体現している政党かを判定すること、ではない。この作業は多くの読み手にとってどうでもよいことであり、そもそも筆者は適任ではない。

本書で行うのは、**戸田や池田を中心とした当時のリーダー層が実際に語っていたことを、当時の社会状況や組織目標と関連させつつまとめなおすこと、**である。つまり喧嘩する前に、彼ら彼女らが語っていたことをひとまず確かめようという話。とてもシンプルだ。

ただこうした作業はシンプルであるにもかかわらず、なぜか不十分な形でしかなされていない。創価学会側の事情としては、そもそも当時の戸田や池田の指導が読めないという理由があげられる。

会の政治進出理由とその変遷を知ろうと思えば1950年代〜70年代の会合で両会長が実際に話したことを知ることが最低限必要であるが、**戸田の講演が収められた聖教新聞社**

**版『戸田城聖全集』（全9巻）は現在出版社に在庫がなく、池田の全集である聖教新聞社版『池田大作全集』（全150巻）にはなぜか1986年以降のスピーチしか収録されていない。**永遠の指導者である両会長の指導が、一般会員には手にとりづらい状態にあるわけだ。

また、学術的な研究をおこなった著作も数えるほどしか存在しない。創価学会の政治進出理由を考察した宗教社会学の研究は、第1章で触れたものの他にもいくつかあるが、本書では西山茂「日蓮正宗創価学会における『本門戒壇』論の変遷」論文（2016年に自身の単著に採録された際に「戦後創価学会運動における『本門戒壇』論の変遷」に改題）、中野毅「戦後民主主義と創価学会の戒壇建立運動」論文、そして塚田穂高「創価学会＝公明党―起点としての王仏冥合・国立戒壇建立」論文の3つを重視する。

とくに西山の研究が重要だ。戦後日本社会における創価学会の役割を考察するうえで鈴木広の論文が稀有な参照項であるように、1975年に書かれたこの西山論文も、創価学会の政治参加とその理由を考察するうえで、刊行時期といい、内容といい、卓越した貢献であるといっていいと思う。

ただ「はじめに」でも触れたが、西山の論文もふくめ、創価学会の政治参加についての研究は、一時期表明していた国立戒壇論（↓後述）に過度に注目する傾向がある。エピグラフにも引用したように、戸田が国立戒壇の建立という目的をもって政治に進出したのは事実であるけれど、1万人を超えるような巨大な集団がただひとつの理念のみで数十年間も動員されつづけると考えることは難しい。

重要なのは、「**創価学会が政治参加をいかに意義づけたか**」、**その意味づけの全体と変遷を理解すること**である。この作業はとくに次章である池田時代の考察を通じておこなわれるが、そこで先行研究に重大な修正を要求することになる。

以上、ここまでみてきたように、戸田や池田が選挙に関して実際に語ったことを振りかえるという作業は、現在の公明党支援に賛成の会員も反対の会員も不安にさせるだけでなく、これまでの創価学会研究もなかば否定するという、基本的に誰も味方がいない状態からはじまる。

それでもひとまず本章では戸田時代から語りなおしたい。創価学会の政治参加は、ここからはじまる。

## 「国立戒壇論」と戸田の政治的発言の「ヤバさ」

内容に入る前に、ここまで何度も出てきた「**戒壇**」という言葉について簡単に説明をしておこう。いまはもう会員でさえほぼ使わない言葉ではあるが、戸田時代の政治参加を考察するうえでは触れずにすますことのできない最重要キーワードとなっている。

この言葉は日蓮教学の三大秘法論という教義に由来する。このあたりの教義は非常に込みいっているため詳細は省くが、戒壇論の典拠となったのは、三大秘法稟承事（三大秘法抄）と身延相承書（一期弘法抄）という2つの日蓮遺文だ。いずれにも偽書説がある。

ここでは創価学会の政治進出の際、とくに言及されることの多かった三大秘法本稟承事の文章を引用しておこう。

> 戒壇とは王法仏法に冥じ仏法王法に合して王臣一同に本門の三秘密の法を持ちて有徳王・覚徳比丘の其の乃往を末法濁悪の未来に移さん時勅宣並びに御教書を申し下して霊山浄土に似たらん最勝の地を尋ねて戒壇を建立す可き者か時を待つ可きのみ事の戒法と申すは是なり（『日蓮大聖人御書全集』：１０２２）

文中には「勅宣並びに御教書」という言葉があるが、これは天皇からの命令（＝勅宣）と、幕府からの認可（＝御教書）を意味する。戒壇とは仏教用語であり、僧に戒律を授ける場所のことだ。

つまり**僧になることを時の権力者から公式に認めてもらう場所をつくること**、これが

「戒壇建立」という言葉のざっくりとした説明である。現代風にいえば、民間資格の国家資格化を目指した運動――認定心理カウンセラーや引きこもり支援相談士では十分ではなく、あくまでも公認心理師などの形での国家資格化を目指したソーシャルアクション――のようなものと考えればよいだろうか。

問題視されることの多い「国立戒壇」という言葉自体は日蓮の御書にはなく、国柱会の田中智学に由来する。[4] 田中とは宗派が異なるのでその内容は同じではないものの、国立戒壇という表現は当時の日蓮正宗にも採用され、正宗の在家講であった創価学会にも引きつがれることになった。

なぜこの言葉に当時の宗教研究者やジャーナリストが注目したかといえば、それはあきらかに「ヤバい」からである。

以下にみていくように、創価学会のなかでも「国立戒壇の建立」という言葉の使われ方には時代や論者ごとに幅があり、この組織目標がどのような点で法律や憲法に抵触するのかについては議論の余地があった。ただいくら公式で否定しようとも、国教化というニュアンスを多く含んだ言葉であることは否定しようがなく、そもそも当時の『聖教新聞』や『大白蓮華』自体がほぼ国教化をやる気としか受けとれない主張をたびたび掲載している。[5]

このあたりの雰囲気を伝える最もハードコアな文章として、『大白蓮華』１９５５年２

月号に掲載された記事「勅宣、御教書までの段階」をあげておく。この記事はタイトルに「男子部大總會研究發表より」とあることから、ただの1アイデアであって、べつに創価学会の当時の公式見解というわけでは全くない。全くないがわかりやすいので、いくぶん長いけれど引用する。

我々は如何なる政治闘争をなすべきものであろうか。本門戒壇の建立する條件はどの様にすれば良いか。三大祕法抄に仰せの如く御教書卽ち國會の衆議院の議決が最も必要である。そのためには日本一國の民衆を日蓮正宗に歸伏さす事である。これは日々の折伏闘争において日々行つている所である。この衆議院の議決は實質的には日本憲法第廿條の宗教の自由の状項の改正を行わなければならないのである。宗教の自由は現在認められているけれども、邪宗教を信じて不幸になる自由など與える必要は毛頭ないのである。日蓮正宗をもつて日本一國の國教とするのである。改制のその時こそ衆議院の3／

4　大谷栄一の『近代日本の日蓮主義運動』によると、この言葉は田中の『宗門之維新』という1901年の著作によってはじめて用いられたとのこと（大谷2001：71）。

5　たとえば1959年6月5日付『聖教新聞』の「こどもの教学」の欄では、広宣流布という言葉について「それは日本国中の大部分の人が、この国の国法として日蓮大聖人様の御本尊様の正しいことを認め、国立の戒壇を富士の大石寺に建てる時なのです」と説明している。

4は創價學會をもつて固めなければならない。しかも國會の議決だけをもつてこれを定めることはできないのである。茲に國民投票が必要であります。あらゆる日本全國の地方自治や市や町や村や縣の各議員は皆學會人でしめなければならないのである。それだけでなく勞働組合も學校の先生も農民も、大事な場所には凡て學會員が存在してこの議決の正しさを主張し戒壇建立を叫ばなければならないのである（『大白蓮華』1955年2月号第45号：26）

社会の要職を学会員で占め、憲法20条を改正し、信教の自由を否定する。一から十までアウトである。

以下にみるように、こうした見解は会の主流派のものではないが、先の記事が会の機関誌に掲載されたのは事実だ。初期のはげしい「邪宗」攻撃とあいまって、創価学会が政治に進出するのは国教化のためじゃないかと世間が疑うのは理解できるところではある（ただ、邪宗教を信じて不幸になる自由などないという言葉にはあやしい魅力もある）。

また本書では文字数の関係もあって省略したが、戸田が生前のこした政治的発言のなかには、相当にきわどいものも多かった。

創価学会の正史上（＊わたしはこれを「**人間革命史観**」と呼んでいる）、戸田は「軍国主義と戦って投獄された平和主義者」ということになっており、本書でもそれを否定しようとは思わないが、宗教学者である佐木秋夫との対談では、戦時中から大東亜省顧問として国の外交政策に関与した人物である安岡正篤を青年部の会合に呼んだとの発言もしており[6]、すくなくとも一般的な意味での平和主義者のイメージとはかなり距離のある言動をのこしているのも事実である。

ほかにも、日本の再軍備には反対ではない[7]、社会人になるための教育として軍隊に入るのはいいことである[8]など、どことなく現代の戸塚ヨットスクール支持者を連想させる発言

6　『大世界』昭和32年9月1日発行、第12巻第9号、特集「創価学会－その生態を探る－」、15。

7　『聖教新聞』に掲載された記事「戸田先生を圍む会」における、「再軍備問題の可否」という会員からの質問にたいする戸田の回答。「答　戸締りしない家がない様に鍵の役目である軍備がないという事は考えられぬ、またこれがなくては国家の尊厳は保たれぬ、当然来るべき宿命である。要は日本国が如何にしてアメリカから金を入れて完全な軍備をするかが問題である、もちろん理想は世界平和である。然し大理想が実現されるまで戦争は絶対に負けられぬ」（『聖教新聞』1953年8月1日）。

8　風刺漫画家である近藤日出造との対談の中での発言。
「まだ、公式に考えを発表するときでないから、公式のものとされては困るんですがね。まア、私の考えでは、軍隊に入ってですな、社會人としてやつて行くためのいろんな教育をさせてもらうようにすれば、二年なり三年なりの徴兵もいいんじゃないかと思うんですよ。…」

「要するに、再軍備そのものに反対ではないんですね」

「そらアそうですよ」

（近藤日出造「世相やぶにらみ」『中央公論』昭和31年9月號、第七十一年第十號、286－287）

が散見される。

当時は第二次大戦終結から10年しか経っていない。かなり保守的な見解を公言するリーダーに率いられた宗教団体が、戦前の日蓮主義に由来するフレーズを叫びながら政治に進出してくる。むしろ社会から警戒されないほうがおかしいといえるだろう。

このように「国立戒壇」という言葉は初期の創価学会の「ヤバさ」を端的にあらわすキーワードであった。つまり研究者たちがこのキーワードの会内での重要度の変遷を追うのは、それが**宗教団体としての「社会化」の程度をはかる指標**として有用であるという理由がおおきい。本章でもひとまずこの指標を採用する。

## 僕らが選挙に出る理由

さて、それでは西山論文に依拠しつつ、創価学会の政治進出過程とその理由の変遷を追っていこう。西山は実際の政治進出過程と、それを根拠づける戒壇論の変遷を区別しながら、創価学会の運動段階を跡づけた（→図3－1）。政治進出の段階に基づいてその区分をたどれば、①再建期（1945～51年）、②基本路線確立期（1951～54年）、③政治進出第一期（1954～64年）、④政治進出第二期（1964～70年）、⑤「政教分離」期

**図3-1　戦後創価学会運動の段階区分（西山 2016：238）**

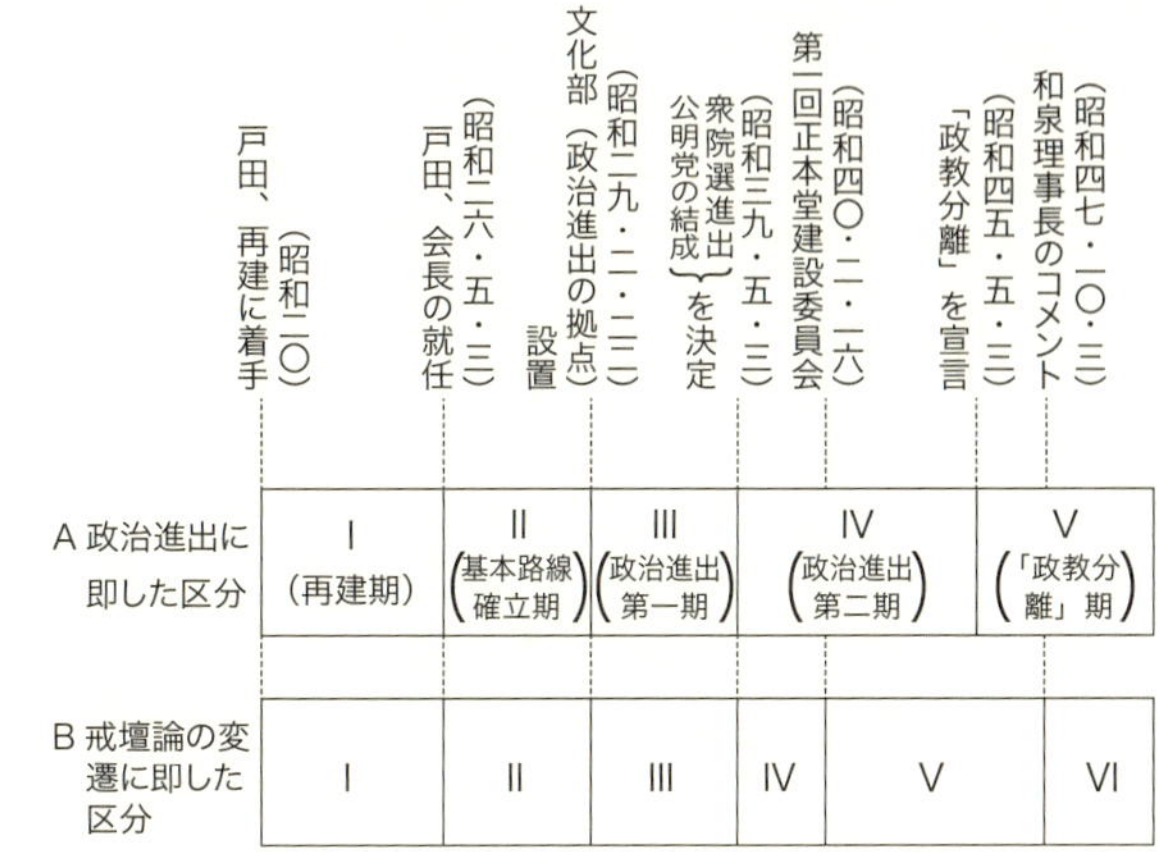


（1970〜）、の5つに分けることができる。戒壇論の変遷に即した区分では、はじめの①から③までは同様だが、④の政治進出第二期以降が異なる。

本章の対象となる戸田時代はこの①段階と②段階目、そして③段階目の途中までに当たる。以下、その中身を詳しくみていこう。

## 第一段階――再建期

この段階は戸田が創価学会の第二代会長に就任する1951年までの時期にあたる。戸田は初代会長の牧口常三郎とともに、戦時中、不敬罪等の罪で逮捕され、終戦直前の1945年の7月に出獄した。出獄後の戸田は会の再建に着手し、1946年には名称も創価教育学会から創価学会に改めている。現在までつづく機関紙『大白蓮華』は49年7月、『聖教新聞』(当初は旬刊)は51年4月にそれぞれ創刊されている。

塚田も指摘しているように(塚田2015:123)、戸田はこの段階ではほとんど戒壇論に言及していない。事業の失敗で理事長を退任した1950年11月の会合で「国立の戒壇は、まだ建立せられず、現在にいたっております。それこそ、末代にのこされた仏勅といわなくて、なんでありましょう」(『講演集 上』:46)と述べたのが見当たる程度である。

おもに論じられるのは、生命論(『論文集』:1-20)や罰と利益論(『講演集 上』、6-8)など。信仰団体としての教義の確立に重点が置かれている印象である。

この時期に政治を論じたものは多くないが、主要なものとしては『大白蓮華』の50年3月号に掲載された論考「王法と仏法」があげられる。戸田は「王法仏法に冥じ仏法王法に合す」という三大秘法抄の一節を「政治の極意」であると述べつつ、以下のように語っている。

仏法は、だれ一人をも苦しめない、あらゆる民衆の苦しみをば救うというのが根本であり、今一つの根本は、あらゆる民衆に楽しみをあたえることであり、仏の慈悲というのは、これをいうのである。この慈悲の理論が、王法に具現するならば、…劣悪な政治はなくなるのである（『巻頭言集』：23－24）

仏法の慈悲の理論の王法（＝政治）への具現。後の王仏冥合論の原型となるものはすでにイメージされている。

ただ、この段階ではその具体的な手段については明言されていない。なぜなら西山も指摘しているように、日蓮正宗の伝統的な戒壇論では、天皇が日蓮仏法に帰依することが目標とされていたからだ（西山２０１６：２３８）。すでに天皇は主権者であることをやめている。「戒壇建立とは平たくいえば「みんなから認めてもらうこと」であり、「みんな」を代表する存在であった天皇は、敗戦によってその機能を失っている。国民主権の戦後社会にあって、「新しい形での公認のあり方」を定式化する必要があったわけだ。

## 第二段階――基本路線確立期

第二段階は戸田の会長就任からはじまる。１９５１年5月3日の会長就任時のあいさつで戸田は以下のように述べた。

天皇に御本尊様を持たせ、一日も早く、御教書を出せば、広宣流布ができると思っている人があるが、まったくバカげた考え方で、今日の広宣流布は、ひとりひとりが邪教と取り組んで、国中の一人一人を折伏し、みんなに、御本尊様を持たせることだ。こうすることによって、はじめて国立の戒壇ができるのである(『講演集 上』:51)

「天皇帰依による戒壇建立」から「民衆帰依による戒壇建立」へ。つまり主権者が国民になったのだから、国民を折伏することが戒壇建立=みんなから認めてもらうことになるという話。とてもわかりやすい。

この発言をもって創価学会は当初から民主主義的な団体だったなどと宣揚することはできない(天皇を折伏しないとはいってない)が、すくなくとも、天皇の折伏という古臭いうえに不可能な目標をいち早く転換した戸田のリーダーシップは見事だといっていいと思う。国民一人一人の救済=折伏をつうじたゴールへの到達、これが国民主権時代の「新しい公認の形」となった。

ただこの段階では政治進出については言及していない。つまり一人一人を折伏した先に、いかなる方法をもって「国立の戒壇」を建立するのかについてはまだ不分明だ。

たとえば１９５１年12月末から翌年頭にかけておこなわれた青年部登山（かつては重要な宗教行事であった）において用意された演題は「本尊流布から戒壇建立という目標を達成にいたるまでの推移と、それに対する覚悟について」というものだった（池田大作『会長講演集第三巻』：１６６－１７０）。つまり戒壇建立という目標を達成するための方法をみんなで話し合う会合が開かれたことになる。

もちろん広布達成にいたる道程は戸田（および真実の弟子である池田）の胸中に確固たるビジョンが秘されていたかもしれないが、その方法論に関しては当時の男子部幹部の衆議に開かれていた、すくなくとも開かれているように戸田が振る舞ったという点は注目されよう。

その後、男女青年部の中核メンバーの育成のために水滸会と華陽会が１９５２年に結成されるなど、その後の拡大の準備がなされていく。

## 第三段階──文化部設置と政治進出

この段階は創価学会の政治進出第一期にあたる。期間は１９５４年の文化部の設置から、1964年の公明党の結成まで。戸田はこの途中の1958年4月に死去している。まずは1954年1月1日の『聖教新聞』社説を引用しよう。記事のタイトルは「国立戒壇建立の日まで」。「大法広宣流布の時機到来を知る」と宣言したあと、その理由を以下のように述べる。

然らばその完成の日は何時であろうか。それはある理由に依り後二十五年以内と確信してよい、この期間に日蓮大聖人様出世の本懐であらせられる弘安二年十月十二日の大御本尊に対し奉り日本一同に帰依して国立戒壇建立の御教書が発せられるであろう、否発せさせなければならないのである。御教書とは衆議院に於て過半数の讃成を以て発せされるものである故これが獲得の為にも正法弘通の活動は今後新生面が展開されなければなるまい、昭和二十九年度はその準備の年として邪教との法戦の徹底化、民衆に対する折伏の徹底化が計られる期間であろう（『聖教新聞』1954年1月1日）

広宣流布＝戒壇建立の御教書を発するために必要なこと、それは「衆議院に於て過半数の構成」を獲得することだ。つまり**国立戒壇を建立するためには衆議院の議決が必要で、衆議院の過半数を獲得するために政治に進出しなければならない**というわけである。ここにきわめて具体的な目標が、「二十五年以内」という期日の設定とともに打ち出されることになった。

１９５４年度はその「準備の年」と書かれてあるように、この年の3月に参謀室が設置され、室長に池田が就任する、同年10月にはナショナリズム色の強い国士訓が青年部に与えられる、同年11月には体育大会が開催されるなど、青年部を中心とした組織の拡充が進んでいく。

そして同年11月22日、創価学会本部に**文化部**が設置された。文化部は、２０１４年に公明党史編纂委員会が発刊した『公明党50年の歩み』においても結党の「原点」と記述される組織であり（公明党史編纂委員会２０１４：22）、翌１９５５年に任命された54人の文化部員は、同年4月の統一地方選挙の立候補者として出馬することになる。

戸田はこの文化部という組織の役割について、統一地方選告示直前の同年3月27日、「広布の礎、文化活動」と題した講演で次のように述べた。

広宣流布の姿におきまして、また広宣流布の途上におきましては、経済界に、あるいは新聞社において、あるいは雑誌において、または、これに類似する文化活動において、あるいは映画において、あるいは政治において、また会社の重役といえども、会社の小使といえども、皆、御本尊様のありがたいことがわかって、これらの人々のなかから国会議員が出て、国立戒壇の請願が出され、国会で可決され、天皇陛下も、また、この御本尊様のありがたさを知ってこそ、初めて広宣流布ができるのです。

これがためには、なまじっかの闘争では、けっして広宣流布はできない。そこで、この一端として文化部が創設され、文化活動のうちの政治活動が、最初に打ち出されたのです。(『講演集 下』:27)

これは政治進出第二段階において、戒壇建立のために「国中の一人一人を折伏する」と述べたことをより明確にしたものといっていいだろう。つまり国立戒壇の前提である「国民全体への日蓮仏法の理解を進めるアクション一般」を、当時の学会は**文化活動**と呼び、その実行のための中核機関として設置されたのが文化部だったわけだ。

**民主主義の戦後社会にあって、国立戒壇建立の御教書を獲得するためには、国会(または衆議院)で可決する必要があり、そのための手段として選挙を通じて国会に学会員を送り出したのである。**

## 政党化への慎重な配慮

ただ、後の経緯とあわせて重要なのは、上記の発言につづく以下の部分である。

ただ、ここに一言ことわっておかなければならないことは、文化部員の闘争は政治のための政治ではないということです。ある人は、そういうものならば、創価学会党というものができて、そこで広宣流布するのではなかろうかと考えるかもしれませんが、けっして政治のための政治ではありません。一党一派に偏するものではありません。文化部員のなかで、ひとりが社会党であり、ひとりは自由党であり、ひとりは民主党であり、なかには共産党がいても、いっこうに、さしつかえないのであります。それは政治のための政治ではなく、広宣流布のための政治であるからです。（戸田『講演集 下』：28）

政治のための政治ではなく、広宣流布のための政治。なにか達成したい政策課題があるわけではなく、ただ宗教上の目標を実現するために政治に参加する。こうした戸田の発言は、創価学会の外部からみれば少しも容認できない狂信家のソレにみえるかもしれないが（実際にそうだが）、会員内部からすれば信仰生活で活用すべきエネルギーを信仰上の目的達成のために投入せよと述べているだけであって、とくに批判すべきものではない。

それよりも今日の選挙活動の文脈で重要なのは、「**文化部員の闘争は一党一派に偏するものではない**」という発言の方だろう。実際、55年の統一地方選挙では、立候補した54人の文化部員のうち、7人が日本民主党から、1人は右派社会党から出馬していた[9]。

同様の発言は、選挙の告示後の55年4月6日、大田区区民会館でおこなわれたスピーチでもみられる。同講演で戸田は「自由党で立ちたかったら自由党、社会党ならば社会党、共産党で立ちたかったら共産党で立てばいい。その人の主義、政党には、私は干渉しない」(戸田『講演集 下』：33)と明言している。

もちろん小説『人間革命』のなかでは、同日同会場で行われた講演の最中に、戸田は「あるいは党を結成することの必要もあるかもしれない——という思いを脳裏によぎらせながら」(第9巻「展望」：159)このスピーチをしていることになっているため、彼の心中は定かではない。ただすくなくとも、**公にされた戸田自身の著作のなかで、衆院進出を肯定したと思われる発言はあっても、政党化を肯定した発言は見当たらない**。

このあたり第4章にも関わるところなので、すこし詳しく述べる。ここまで戸田自身の党派をつくることへの否定的な発言を紹介してきたわけだが、知ってのとおり、その後の創価学会は衆院に進出し、公明党を結成している。こうした点を捉えて、創価学会に批判的なメディアからは、「池田は戸田を裏切った」との批判をまねくこととなる。池田がいかなるロジックで衆院進出を正当化したかは次章でみていくが、その前に、まず戸田自身が衆院進出と政党化についていかなる発言を残していたかを確かめたい。

まず衆院進出について。この点についてよく言及されるのは、『週刊朝日』1956年7月29号のインタビューである。戸田はこの時、国会の過半数を制するつもりかとの質問者の問いに、はっきりと「衆議院には候補者は立てない」と述べている。

この発言をもって池田時代の衆院進出を批判するものは多い。ただ、そもそも参議院議員だけを増やしても御教書を発することはできないことはわかっているわけで、「国会での可決」を目指すと明言していた戸田が、衆院進出を検討していなかったとは考えづらい。また、これは政治家の言いぬけ的な物言いになるが、将来にわたって絶対に立てないとは述べていない。いってしまえば戸田がこのインタビューに正直に答えるメリットも特にないわけで、ただ単に外面のいいことをその場で答えただけと捉えることも可能である。

こうした見方を裏づけるものとして、雑誌『大世界』における佐木秋夫との対談が挙げられる。この対談では、衆院に出るつもりはあるかとの佐木からの質問に、

9　公明党史編纂委員会『公明党50年の歩み』公明党機関紙委員会、2014：22。

戸田　いっかは出るかもしれません。若い娘はいっかは嫁に行くかもしれませんヨ。（笑い）（『大世界』第12巻第9号：13）

と、いくぶん踏み込んだ発言を残している。ふざけた調子の中にも、衆院進出を匂わすような調子が読み取れるだろう。つまり戸田の発言を総合的に考えてみた場合、肚の読めない親父が対談相手を煙に巻いているというのが穏当なところであって、池田が衆院進出を決めたからといって、戸田の意思を池田が勝手に覆したと断ずるにはいくぶん材料が足りないと考えられる。

ただ、衆院進出については肯定する余地があったとしても、政党化について多少なりとも肯定した発言は現在のところ見つかっていない。たとえば雑誌『総合』誌上での神山茂夫との対談では、政党化について「わしは最後までやらんぞ、わしの力のあるかぎりは、断じて政党なぞやらんぞ」と、かなり強い口調で否定している。[10]「政党化なしの衆院進出」という構想が現実的だったかは疑問の余地もあるし、戸田が死去せずにそのまま指揮を執り続けたとしても、運動の展開過程のなか、何らかの形でグループ化をおこなったかもしれない。もちろん公にはなってないだけで、側近である池田らにだけ将来の政党化を口伝していた可能性も否定できない。

ただ、**存命中の戸田の発言からは、政党化をすることで必然的に起こりえる会内メンバーの政治的主張の自由への干渉について、きわめて慎重な配慮をおこなっていたことが読み取れるのみ**である。

## まとめ——手段としての政治進出

こうしたもろもろの思索の到達点として、初の国政選挙となった参議院選挙の直後の8月から翌年4月にかけて、戸田は『大白蓮華』誌上で論文「王仏冥合論」を発表した。

このたびの参議院選挙戦では、大いに社会の注目をひいた。宗教団体であるわが学会人のなかから、政治家をだすのかということについて、内外ともに、いろいろの議論がでている。たとえば、日蓮正宗を国教にするとか、また何十年後には、衆参両院の議席を学会人で占めるとか、または、創価学会が日本の政治をとるとかいう、あらゆる妄説

10　『総合』1957年9月号、東洋経済新報社：182。

が唱えられている現状である。
しかし、われらが政治に関心をもつゆえんは、三大秘宝の南無妙法蓮華経の広宣流布にある。すなわち、国立戒壇の建立だけが目的なのである。ゆえに政治に対しては、三大秘法稟承事における戒壇論が、日蓮大聖人の至上命令であると、われわれは確信するものである。（戸田『巻頭言集』：204）

従来この「王仏冥合論」は、宗教上の著作である三大秘法稟承事に直接触れたことや、「王法と仏法とが冥合すべきである。王法とは一国の政治、仏法とは一国の宗教を意味する。宗教が混乱するときには、国の政治も混乱する」（同：206）といった発言とともに、戸田時代の創価学会の「政教一致」観を端的にあらわすものであるとして批判的に引用されてきた（日隈1971、塚田2015など）。

この時期の創価学会の政治進出が国立戒壇という現代からみても到底容認できない目標を追い求めていたことは、参院選への進出を表明した1956年4月29日付『聖教新聞』の一面をみても否定することはむずかしい。だが、第1章と第2章の議論を経てきた我々からすれば、戸田の発言がすくなくとも組織マネジメント的にみて合理的なものであることに気づくだろう。

国立戒壇建立の時来る！
東京版
推薦で出馬か？
全国区　原島氏　地方区　柏原氏
参議員選挙戦に
原島宏治統監部長
柏原ヤス指導部長

1956年4月29日付『聖教新聞』。「国立戒壇建立の時来る！」とのタイトルのもと、出馬を表明した当時の最高幹部の顔写真が学会の役職つきで掲載されている。

なぜなら都市下層を主な構成員として発展してきた創価学会とはいえ、その政治選好は一様ではなく、**折々の政治状況のなかで検討される特定の政治的イシューについて、会内の全メンバーが常に同一の見解をもつことなど本来的に不可能**であるからだ。

しかし目的が国立戒壇の建立と、その国会での議決だけにあるならば、第２章で述べたような「信仰」と「政治的信条」は衝突することはない。要するに、**信仰を同じくする集団が、信仰上の目的を達するために、信仰上必要な行為をおこなおうと述べているだけ**である。目的は国立戒壇建立の請願を出して可決することだけであり、その他の政策について、組織として判断することはないし、強制することもない。会員の自由である。

もちろん国教化や政党化、政権獲得による直接的な社会改革などはしないという戸田の発言を鵜呑みにはできないが、ここで重要なのは「国立戒壇の建立だけが目的」という言葉、つまり**戸田城聖にとって政治進出は、純粋に宗教的目標の達成のみを目的としていた**という点にある。[11] つまり政治進出は国立戒壇建立のための手段だったわけだ。

ここまでの議論を総括するものとして、中野毅も先の論文の中で引用している『聖教新聞』1955年4月3日の社説を引用しておこう。

> …文化部員が何故政治に進出し、教育界に活動し経済や労働運動に乗り出すか、…これ等の活動は全部広宣流布完成への目的の下にこの目的へ（原文ママ）集約されて来なければならない。…広宣流布の終点は国立戒壇建立である。その為には国会での議決が必要だ、すると宗教の正邪に対して確たる信念を持ち国立戒壇建立を願う人々の代表が国会議員として多数居らねばならない事は論をまたないのである。故に文化部員の政界への進出は当然でなければならぬ、ではあるが宗教は政治とは自ら異なったものであるからして学会がその宗教上の団結を利用して政党を結成してこれに当ることは全く誤りとなる。故に政界に出る人々はその各自の政治的信念の下に現在の政党を選んで所属

し、保守党革新党と別れて政治上の問題については大いに論議を闘わし、学会出身者同志の闘争があっても良いのである。（『聖教新聞』１９５５年４月３日）

## 選挙の３つの効能

さて、ここまで戸田の残した会長講演集や論文集を中心に、創価学会の政治進出過程とその理由を振りかえってみた。簡単にまとめてみると、戸田時代の政治進出は①**目的は国立戒壇の建立という宗教的目標のみであり**、②それは政権をとることによって上からの強引な国教化を推し進めるものではなく、**国会（または衆議院）での議決という方法によっ**

11　大乗系仏教団体の政治領域への関与というケースは、エンゲージド・ブディズムなどのいわゆる「仏教と社会思想」というテーマで語られることは多いが、戸田は社会事業について明確に否定している。これが典型的にあらわれるのはエッセイスト・秋山ちえ子によるインタビューであろう。この中で秋山が、天理教が病院や孤児院をつくったことと、立正佼成会が学校教育や医療の面で活躍していることについて言及した際、戸田は次のように述べている。

ちょっとあんたに質問しますがね。答えていただけますか？

シャカは、学校を建てましたか？病院を建てましたか？日蓮が事業をしましたか？

それ、私もシャカや日蓮とおなじだよ、ハッハッハ――。（秋山ちえ子『お勝手口からごめんなさい』：１８７）

**てなされる。**そして目的は国会で議決することだけなので、**③政党を結成することはなく、その他の政策に関して会員の政治的自由には一切干渉しない**、という3点に集約される。

彼ら彼女らの活動の中心に国立戒壇というファナティックな教義があったことは否定すべくもない。が、創価学会の政治参加は教義の実現につきるものでない。これまでになされた創価学会研究では、宗教的目標の達成以外に、組織運営上のプラグマティックな効果を狙っていたことが指摘されている。

西山は先の論文で、政治進出には国立戒壇の建立という大義名分以外にも、①対内的な結束効果、②対社会的なデモンストレーション効果、③政治弾圧に備えた組織防御という3つの効果を目標としていたと指摘している（西山2016：240）。

近年の研究では、たとえば政治ジャーナリスト・政治学者の薬師寺克行は、「広宣流布」「王仏冥合」の実現と「国立戒壇」の建立という宗教的目的の達成のほかに、①権力から身をまもり組織を維持する、②選挙活動を通じた働きかけにより組織を発展させること、という2つの目標を指摘している（薬師寺2016：49）。

また、本章が対象とする戸田時代とは時期が異なるものの、政治ジャーナリストの中野潤は『創価学会・公明党の研究』の中で、タカ派の自民党とハト派の公明党の連立が維持される理由として、①公明党が創価学会という宗教団体を時の政治権力からまもるために、政治に影響力を行使できる立場にいる必要があることと、②各種選挙での公明党の議席の獲得が、会員の「信仰心の証し」であり、宗教団体としての「勝利の証し」となっていること、の2点を挙げている（中野２０１６：３）。

政治進出の実利、というとどこか自らの活動を貶められている感がするために、こうした議論はメンバーにはあまり好まれない。ただ、ここはひとまず当時の戸田や創価学会が自ら公にした著作物のなかから上記の指摘を肯定したとみられる発言を検討することにしたい。後に廃棄される国立戒壇論という「目的」とはちがい、選挙活動が組織運営にもたらす「効能」は、戸田後の創価学会が政治活動から撤退しない理由として持続的に機能することになるからだ。

まず政治進出における「**組織防衛**」**機能**について。これが典型的にみられるのは、戸田と漫談家の徳川夢声との対談だ。１９５７年9月1日発刊の『週刊朝日』誌上において、戸田は次のように述べている。

夢声　ある本によると、国立戒壇をつくるためには、やはり、議会の過半数を制する必要があるというんですが。

城聖　いまの議会なら、過半数をとるのはなんでもないんですよ。だけども、へたに衆議院をやって、かねつかうよりは、ときがくるまで、だまってりゃいい。そういうことよりは、国民に理解させることがさきです。ただ、参議院にははいっておかんと、政治的妨害が出た場合に、ふせぎようがない。あれは攻撃陣じゃなくて、防御陣なんです。…

（徳川夢声「問答有用」『週刊朝日』1957年9月1日号：28－29）

念のために述べておけば、徳川夢声は池田の随筆においても「聖教新聞の愛読者」として紹介される人物であり、この記事は戸田の悪評を週刊誌で暴露しようとしたものであると考える会員がいるならそれは不当である。

すでに述べたように、戸田は初代会長の牧口常三郎とともに治安維持法で逮捕された。牧口にいたってはそのまま獄死した。国家権力による弾圧という経験をもつ創価学会にとって、政治的妨害にあった時の防御のための政治進出という戸田の言葉は、実感のこもったものといえるだろう。

また、戦時中の弾圧とはいくぶん次元が異なるものの、戦後社会にあっても創価学会に対する世間の風当たりは強かった。たとえば１９５９年1月1日付『聖教新聞』に掲載された、当時の最高幹部陣による座談会記事「宗教と政治をめぐって」を挙げておこう。この中で、戦後にあっても、学会員に反感をもっている警官は、国法をつかって学会員をいじめてくるとの記述がある。しかし会内に議員が誕生したことで、これらの不正からメンバーを守ることが可能になったとのことだ。

また、文化部の部長に任命され、のちに公明党副委員長を務めることになる鈴木一弘も当該記事で以下のように語っている。

…地方議員なんかの場合ね。区会とか市会などの、一番プラスになっているというは、いわゆる生活保護をうける人たちですね、なんっていっても（原文ママ）、民生委員っていうのは、一番多いのは邪宗の坊主ですから。そういうのがいるとね、〝学会員であるから〟とやつ当たりされてるんです。〝いい信心してるそうじゃないか〟と、創価学会へ入ったんなら、保護なんてとらなくたって起ち直れるわけだからいらないじゃないか、といわれてはねられていたりしたものが、かなりあるわけです。こういう面が電話一本ですむようになってしまった。（池田大作、辻武寿、鈴木一弘、柏原ヤス、渡部城克、正木郁恵、秋谷城栄（司会）「宗教と政治をめぐって」『聖教新聞』１９５９年1月1日）

創価学会員に生活保護費を支給するために、学会出身の地方議員が役所に働きかけた。話の筋だけを聞くと下世話な憶測をよぶかもしれない。ただ、地方議員選挙から政治にとりかかった創価学会の当時の最高幹部が、その成果の「一番プラスになっている」こととして挙げたのが、ほかでもない最も貧しい庶民の生活のケアだったことは重要だろう。
もちろん「邪宗の坊主」への腹いせに他宗の信者からの陳情ははねつけたなどの事実があれば問題だが（やったかもしれないが）、第1章の議論をふくめ、高度成長期までの創価学会が都市下層民の社会的アブソーバーとして機能し、政治参加することによって信奉者たちの利益を代表していたことを示唆する証言の一つとして記録しておきたい。

つぎは「**組織の規律維持**」**機能**についてである。この点についても重要なのは戸田の証言だ。1956年3月31日の本部幹部会でのスピーチにおいて、戸田は次のように述べた。

私は選挙運動が毎年あったらいいと思っているのですよ。ないから残念です。そのわけは、選挙をやるという一つの目的をたてると、みな応援する気になります。そこでしっかりと信心させなければならん。学会は、金で選挙に出させるのではないから、はじめから信心によるのですから、信心の指導をしっかりやらねばならん。そうすると、幹部が夢中になって、班長君でも、地区部長君でも、信心の指導を真剣にやってくれると思うのです。

そうすると、いままでかせがない人が、広宣流布のために、これは立ってやらなければならん時がきたから、まあ皆、目の色変えてかせぐ。ふだんやらんことをやるから、支部がピーンとしまってくる。選挙は、支部や学会の信心をしめるために使える。（『講演集 下』：202）

選挙は信心をしめるために使える。会社経営者でもあった戸田らしい、きわめてプラグマティックな発言だろう。

『聖教新聞』紙上でよく顔を見る、会合で話を聞いたことがある、あるいは実際にあって指導をされたことがあるなど、自分たちと直接的な関係のある大幹部陣が、しかも広宣流布という自分たちにとって究極的な目標を達成するために選挙という世間との戦いに打って出る。投票日という具体的な期日とともに、立候補メンバーの当落という社会的にも明確な結果が示される選挙戦は、メンバーの信仰モチベーションを向上させるために活用できる有効なソリューションだったわけだ。

このような戸田の見立てを裏づける証言として、戸田の逝去後の1959年6月12日、参院選の直後の『聖教新聞』を引用しておこう。「今回の参議院選を語る」と題された座談会記事で、秋谷・柏原・原島（宏治）・辻といった当時の最高幹部が、興奮気味に以下のように語らっている。

秋谷　今度の選挙を通じて、今まで寝てた人がずい分起きてきたんじゃないですか。
柏原　すごく、すごくって、本当に……
原島　選挙で起きてきて、勝ってまた起きてきた。
（中略）
辻　選挙を機会に立ち上がった人は何万人ですよ。
（原島宏治、辻武寿、柏原ヤス、石田次男、牛田寛、小平芳平、北條しゅん八、秋谷城栄（司会）「今回の参議院選を語る」『聖教新聞』1959年6月12日）

「寝てた」という表現は、入会はしているが活動をしていないメンバーのことを意味するいくぶん古い表現である。この引用部につづく箇所では、62年の参院選の支援活動を通じて「一万六千いくら」の折伏が達成されたとの報告もされている。後の巨大教団である創価学会とはいえ、すべてのメンバーがつねに活動家だったわけではもちろんなく、個人としても組織としても、信仰活動が停滞気味になる時期があるのは他の社会運動と変わらない。選挙というイベントはそうした停滞ムードを転換し、「寝てた」メンバーをもう一度立ち上がらせ、新規メンバーを獲得する契機として機能した。いってみればソシャゲのリアルイベントみたいなものだ。

選挙＝祝祭をつうじた組織の活力の維持・再活性。このような話を聞いて、社会学を学んだ人のなかには宗教社会学の名著、デュルケムの『宗教生活の原初形態』の基本テーマ——周期的に催される祝祭において集合的沸騰が経験されることをつうじて、集団の道徳的連帯が維持・再生産される——を想起する人もいるだろう(12)。

要するに創価学会は、**選挙という民主主義社会に定期的に訪れる祝祭を信仰活動の中枢に組みこむことで、「既存メンバーの信仰心の再活性化」と「新規メンバーの獲得」という2つの成果を同時に達成することができたわけだ。**

12　あまり知られていないが、初代会長である牧口常三郎の著作『創価教育学体系』の第1巻には、デュルケム研究で有名な田辺寿利が序文を寄せていた。

最後は「**教勢証明**」**機能**について。この点について西山は論拠となる文献を挙げておらず、また戸田在任中に目ぼしい発言も見当たらない。ひとまずは1962年7月の参院選、候補者9人の全員当選を果たした際の池田の発言「今度の選挙をとおしても『わが日蓮正宗創価学会は宗教界の大王者である』ということを、ふたたび、ここに、天下に示したわけなのです」を引用しておこう。[13]選挙で当選者を出すことは、創価学会という宗教の「力」を証明するものであり、「宗教界の大王者」であることを示すことになるわけだ。[14]

教勢を示すことが、組織にとって実際上どのような利益をおよぼすのかは判然としない。選挙に勝つことが自らの信仰への自信となって、より確信をもって日々の活動に取りくめるという認識もあれば、[15]またこれは組織防衛機能とも関わるが、負けることで再び国家権力からの弾圧をまねくとの認識もあった。[16]

ただ、選挙という戦いをとおして自分たちの信仰の正しさを証明しようとする実践を積み重ねていくことは、創価学会という宗教運動に消えがたい慣性を残すことになる（↓第4章にて詳述）。

## 政治進出の原初形態

以上、生前の戸田とその周囲が残した発言を整理することで、創価学会の政治進出理由と、その組織運営上の機能について検討してきた。活動期間が短いこともあって、戸田自

13　池田大作『会長講演集第七巻』：１３４－１３５。

14　ちなみにこの参院選の大勝利を報じた１９６２年7月5日の『聖教新聞』の「寸鉄」の第一文は「世に言う〝宗教戦争〟学会は全員当選。天理教・霊友会・生長の家・キリスト教、枕並べて討ち死に。」である。

15　１９６２年5月の諫暁八幡抄講義での池田の発言。「こんどの参院選については、勝てば、私どもも功徳を受けることは当然でありますが、支部員の大勢の人たちが、どれほど襟度を持ち、折伏もしやすくなり、法を高め、みんな自信をもって進めるかということを考えていただきたいのです。負けた場合には、折伏もたいへんになってくるし、いろいろいやなことをさんざんいわれてくるし、大勢の中には、自信を失って苦しむ人もでてくるだろうし、疑う人もでてくるかもしれない。そんなことで、いちいち信心が動揺してはいけないのですけれども、凡夫の常として、支部員のなかにはそういう人もあることを考えると、ひじょうに悲しい心になるのです。」（『巻頭言・講義集』：２８７－２８８）

16　たとえば１９６２年1月30日の『聖教新聞』を引用しておこう。この日の5日前の１９６２年1月25日は、１９５６年の参院選における戸別訪問の容疑について行われた裁判で、池田に無罪判決が下された日である。この日の新聞の中で北条副理事長（当時）は、裁判の勝利に喝采を送りつつ、国家権力は「広宣流布の前途に、あくなき魂胆」をもっているとし、今後、検事たちがどのような態度をとるかは予断を許さないと警戒心を煽る呼びかけをおこなっている。「なんといいましても、この次の六月におこなわれる全国の参議院の選挙に、絶対に勝ちぬいて、そしてあらゆる弾圧、あらゆる権力の魔と戦って、全員大勝利をすることが、この先生のうらみをそそぐ唯一の近道なのであります」。

身の政治進出理由は一貫してラディカルなまま（＝国立戒壇の建立）であったが、ラディカルな教義の根幹はそのままに、その実行手段を現代化（＝国会による議決）し、またその計画の策定にあたってはある程度衆議にも開きつつ、会内メンバーの政治的自由にも配慮した規則（＝結党はしない）のもと、組織マネジメント上のプラグマティックな効果（＝組織防衛、規律維持、教勢誇示）を同時にねらいつつ実行された。

戸田時代の政治進出の一般的な評価は、あまりにラディカルであったがゆえに政教分離の原則という社会規範と衝突し、やがて国立戒壇という教義の撤廃を迫られる要因となったというものだろう。この評価自体はおおむね妥当であるし、また次章でみるように、教義の撤廃は実際におこなわれることになる。

ただ、憲法に抵触していたこと自体が戸田時代の政治進出の本質的な問題であったとか、その可能性の限界であったという捉え方はあまり生産的ではないし、創価学会の宗教運動を批判するものとしては外在的なものにとどまるように思われる。むしろ創価学会の政治進出の問題点とその可能性の中心は、政教分離原則に抵触するようなファナティックな教義を運動の根幹に維持していた点にあったのではなく、ファナティックな教義を抱え、なおかつ排他的な行動を繰りかえしていたにもかかわらず支持を拡大してしまった点にあるのではないだろうか。

本章の前半でみてきたように、戸田時代の政治進出は①国立戒壇の建立という宗教的目標、②国会（または衆議院）での議決という方法、および③会員の政治的自由への不干渉、という3点に要約される。つまり「**創価学会の政治進出はその当初において信仰上の目標を達成するためだけにおこなわれた信仰上の活動であった**」というのが本章のストーリーだ。

選挙支援と信仰活動をこのレベルで同一視する運動を、いまの私たちはいかなる論拠をもって批判することができるだろう。つまり信仰目標を達成するための手段として選挙活動をおこなう集団からの「文句があるならそんな団体に入会しなければいいだけだし、そんな候補者には投票しなければいいだけだ」という「居直り」にたいして、私たちはなんと反論することができるのだろうか。

また、これは会員内部で考えても同様である。戸田の宗教＝政治一致路線においては、宗教的信念と政治的主張の自由という観念同士のコンフリクトはおこりえない。なぜなら「創価学会に入って活動すること」は、「選挙において同志である学会員候補者に投票すること」と同義であったからだ。

それは国立戒壇の建立＝広宣流布のためである。みずからの政治的主張を宗教的信念より優先する者、または信仰心と政治観を独立に考える者は、反組織的人物とまではいえなくも、すくなくとも創価学会という宗教＝政治団体の思想をいまだ理解していない信仰的未熟者ということになる。なぜなら広宣流布の実現のためには戒壇を建立する必要があり、戒壇を建立するには国会で議席を獲得する必要があったからだ。

繰りかえしになるが、だから戸田時代の宗教＝政治一致路線が正しかったと述べているわけではない。本章の主張は次のこと、戦後民主主義社会と創価学会は正しさについて異なる観念を有していた、つまり**正しさをめぐる2つのルールが選挙という社会制度をとおして衝突した**というものだ。

もちろん第三代会長池田の時代になって、この宗教＝政治一致路線は廃棄されることになる。なぜ、そしていかなる論理で廃棄したか。ここには現在の会員からも忘却されている、ひとつの謎がある。

また、戸田時代の資料の少なさという問題もあって、当時の創価学会が政治進出の先にいかなる理想社会の実現を夢見ていたかも、読み手にとっていまだあやふやなイメージのままになっているかと思われる。この路線変更過程と、理想社会の内実。それを次章、池田時代の考察をつうじて明らかにしたい。ここに宗教研究者によってこれまで見過ごされてきた創価学会研究のミッシング・リングがある。

コラム

## 創価学会版シン・ゴジラ

ちなみに現代の創価学会サブカルを扱った第2章との対比として、１９５５年４月24日『聖教新聞』掲載の４コマ漫画「シャクボクちゃん」をあげておこう。

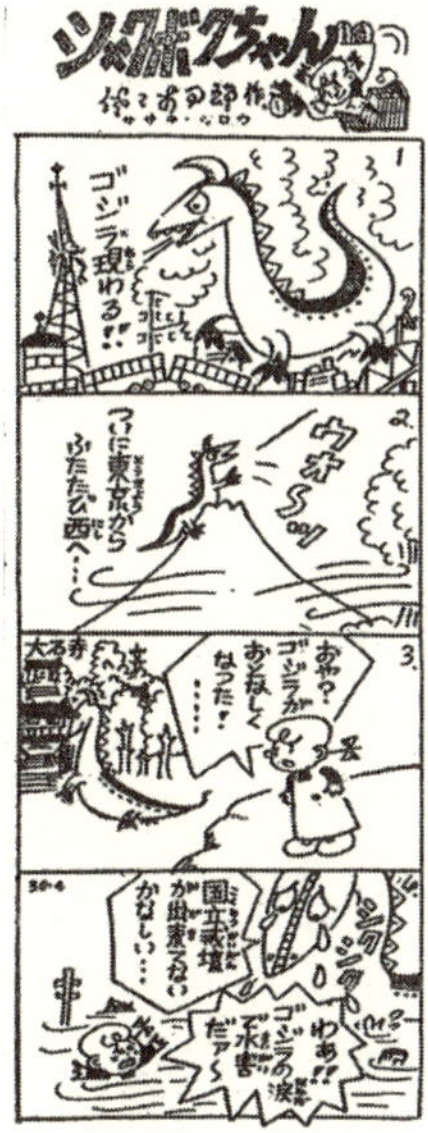


『聖教新聞』1955年4月24日付

ゴジラよりもシャクボクちゃんというド直球のネーミングの方が気になるかもしれないが、ひとまずは3コマ目と4コマ目をみてほしい。日本を破壊してまわるゴジラだが、日蓮正宗の総本山・大石寺を前にして立ち止まる。その理由は「国立戒壇が出来てない」からである。悲嘆にくれた巨大生物は涙を流し、シャクボクちゃんは「わぁ!! ゴジラの涙で水害だァ〜」と叫ぶ。

いかがだろうか。たった4コマのなかに、流行の文化表現への目配せ、停滞した社会への鋭い批評、宗教的使命の深い自覚が詰め込まれているのがわかるだろう。

これが創価学会版シン・ゴジラである。カヨコ・アン・パタースンもびっくりだ。

## 〈参考文献〉


秋谷城永(1964)『創価学会の理念と実践』鳳書院。

秋山ちえ子(1957)『お勝手口からごめんなさい』春陽堂書店。

池田大作(1961-1966)『会長講演集(第一-十三巻)』宗教法人創価学会。

――(1962-1966)『巻頭言・講義集(第一-四巻)』宗教法人創価学会。

――(1966)『日蓮大聖人御書十大部講義 第一巻 立正安国論講義』宗教法人創価学会。

――(1967-73)『若き日の日記(第一巻-第五巻)』若き日の日記出版委員会。

――(1970-1977)『池田会長講演集(第一-七巻)』聖教新聞社。

――(1978)『人間革命 第十巻』聖教新聞社。

大谷栄一（2001）『近代日本の日蓮主義運動』法藏館。

小口偉一編（1956）『宗教と信仰の心理学（新心理学講座　第四巻）』河出書房。

公明党史編纂委員会（2014）『大衆とともに－公明党50年の歩み－』公明党機関紙委員会。

聖教新聞社企画部編（2002）『新会員の友のために（①－③）』聖教新聞社。

聖教新聞社教学解説部編（2004）『やさしい教学 初級講座（上）』聖教新聞社。

—（2005）『やさしい教学 初級講座（下）』聖教新聞社。

創価学会教学部編（1985）『新版仏教哲学大辞典』聖教新聞社。

塚田穂高（2015）「第4章　創価学会＝公明党—起点としての王仏冥合・国立戒壇建立」（『宗教と政治の転轍点』花伝社。

寺田喜朗・塚田穂高・川又俊則・小島伸之編（2016）『近現代日本の宗教変動』ハーベスト社。

戸田城聖（1960a）『戸田城聖先生　巻頭言集』宗教法人創価学会。

—（1960b）『戸田城聖先生　論文集』宗教法人創価学会。

—（1961a）『戸田城聖先生　講演集（上）』宗教法人創価学会。

—（1961b）『戸田城聖先生　講演集（下）』宗教法人創価学会。

—（1963）『戸田城聖先生　質問会集』宗教法人創価学会。

戸田城聖監修・教学部編（1959）『折伏教典　校訂再版』宗教法人創価学会。

日隈威徳（1971）『戸田城聖—創価学会—』新人物往来社。

日隈威徳（1972）「創価学会」（坂本日深監修、田村芳朗・宮崎英修編集『日本近代と日蓮主義（講座日蓮4）』春秋社）。

堀日亨編（1952）『日蓮大聖人御書全集』宗教法人創価学会
中野潤（2016）『創価学会・公明党の研究』岩波書店。

中野毅（2015）「戦後民主主義と創価学会の戒壇建立運動」西山茂編『本門戒壇論の展開』本化ネットワーク。

西山茂（2016）「第九章 戦後創価学会運動における『本門戒壇』論の変遷」『近現代日本の法華運動』春秋社。

松岡幹夫（2014）『平和をつくる宗教―日蓮仏法と創価学会』第三文明社。

松島淑・谷口卓三（1969）『公明党の歩み』公明党機関紙局。

妙悟空（1957）『人間革命』東京精文館。

薬師寺克行（2016）『公明党―創価学会と50年の軌跡』中央公論新社。

『大白蓮華』（1949年～）。

『聖教新聞』（1951年～）。

『週刊朝日』1956年7月29号（「戸田城聖という男 宗教法人「創価学会」の支配者」）。

『週刊朝日』1957年9月1日号（徳川夢声連載対談 問答有用）。

『中央公論』1956年9月號、第七十一年第十號（近藤日出造「世相やぶにらみ」）。

『大世界』１９５７年９月１日発行、第12巻第９号（特集「創価学会－その生態を探る－」）世界仏教協会。

『総合』１９５７年９月号（対談「創価学会対共産主義」）東洋経済新報社。

# 第4章

# 組織中心主義の台頭

## ——池田大作の時代

さて、第3章の議論はいかがだっただろうか。ほとんどの人はふだん宗教の話に触れる機会もあまり多くないと思う。なにか超理性的なものを強烈に信じている人物たちの文章を読むことは、おそらく信仰者ではない多くの人にとってかなりダメージのあることだろうし、はっきりいえば気味の悪さを感じるものだったのではないかと想像する。しんどくなってしまった人はひと休憩したり、または本章を読み飛ばしたりしてもらってかまわない。池田時代を論じた本章が、おそらく本書で最も宗教的にディープな話になるからだ。

戸田時代をあつかった前章と、池田時代を論じる本章は、「創価学会と政治」をテーマとする本書の歴史編にあたる。

第3章でみたとおり、戸田時代の政治進出はきわめて宗教色の強いものだった。布教活動を有利に進めるために政治力を獲得しようとしたという側面はなくはないが（＝防御陣発言）、それよりも、自らの宗教的信念を貫くこと（＝広宣流布）がそのまま地方および国の議席を獲得すること（＝国立戒壇建立）と地続きだった。つまり選挙活動は信仰活動そのものである時代、そして信仰活動であることを公言してはばからない時代がかつてあったわけだ。

この戸田時代の政治進出を宗教＝政治一致路線とよんだが、第2章でみたとおり、このルートはそのままの形で現在までは継承されなかった。どこかの時点での廃線、または路線変更がなされたことになる。すくなくとも現時点で、宗教的な言葉でもって選挙活動を正当化する発言は、公式メディアに掲載されることはなくなった。

本章では、戸田の死去以後、池田が会長に就いてより、言論問題が起きる1970年頃までを対象に、創価学会が選挙活動を意義づけた発言の変遷を追っていく。その変遷の過程であった〝なにか〟が、いまの公明党支援のかたち、つまり信仰活動であるにもかかわらず信仰活動であるとは公にいわないという奇妙な支援活動のあり方をつくりあげることとなる。


まず簡単に、本章が対象とする時期の政治参加のおもな流れを紹介しておく。

1958年4月に戸田が逝去した約2年後、1960年5月3日に池田が創価学会の第三代会長に就任する。文化部は1961年5月3日に**文化局**へと昇格し、従来の政治的機能は文化局政治部が担当することになった。同年11月27日にはその政治部を公明党の前身である**公明政治連盟**という政治団体へと発展させる。**公明党**結成の提案が池田からなされたのが1964年5月であり、党の結党大会が開かれたのが同年11月17日。党としてはじめて迎えた衆院選挙は1967年1月投開票の第31回衆院選である。大きな社会問題となった言論問題は1969年末から70年にかけての出来事であり、70年5月3日の第33回創価学会総会において党と創価学会の組織的分離などの改革が発表された。

このあたりの流れは複雑なので巻末にかんたんな年表を掲載した。本章の議論は時系列が重要な要素になるため、適宜参照してほしい。

以下の考察において重視するのは、会員を選挙にモチベートするために当時の最高幹部たちがいかに対処したか、という観点である。基本的に創価学会の政治参加は、「政教一致」や「全体主義」や「カルト教団」といった外からの批判にいかに対応したかという観点から語られることが多く、この会内部のマネジメントという観点はなぜか軽視されがちだった。本章では定説をくつがえすとまではいかなくとも、既存の研究では見逃されてきた重要な論点をいくつか提示してみたい。

## 創価学会の政治参加は「政教分離」＝脱宗教化の方向に進んでいるのか？

まずはシンプルに、創価学会の政治進出についての研究史をまとめよう。といってもこの時期・このテーマで言及すべき研究はかぎられる。その第一は、西山茂「戦後創価学会運動における『本門戒壇』論の変遷」論文である。

ここまで何度か引用してきたが、従来の創価学会・公明党論においてこの西山論文は強い影響力をもっている。内容をまとめると、J・M・インガーのチャーチ・セクト論をベースに、創価学会がデノミネーション化したかどうかをその組織目標である本門戒壇論の変遷を追うことで考察したもの。ざっくりといえば、一番「ヤバい」教義である戒壇論のあり方の変化をみていくことで、時期ごとの創価学会の社会化の程度（つまり「普通の」新興宗教になったかどうか）を確かめようとした論文だ。

西山による戒壇論の変遷のまとめは図4－1、2のとおりである。①戒壇建立にはほとんど言及のなかった第一段階（1945年～51年5月3日）。②国立戒壇の建立という目標は明らかにされたが、政治進出には言及されなかった第二段階（～54年11月22日）。③衆院への進出と政党化は否定しつつも、国会による議決を目指して政治に進出した第三段階（～64年5月3日）。④国立戒壇という教義を対外的には明示することは控えつつ（実質的には維持しつつ）、公明党を結成して本格的に政治進出を開始した第四段階（～65年2月16日）。⑤正本堂を本門戒壇とすることで言葉だけでなく内容的にも国立戒壇論を放棄し、また言論問題に直面することで公明党との組織的分離を宣言した第五段階（～72年

図4-1　戒壇論の変遷と組織外「圧力」（西山 2016：258）

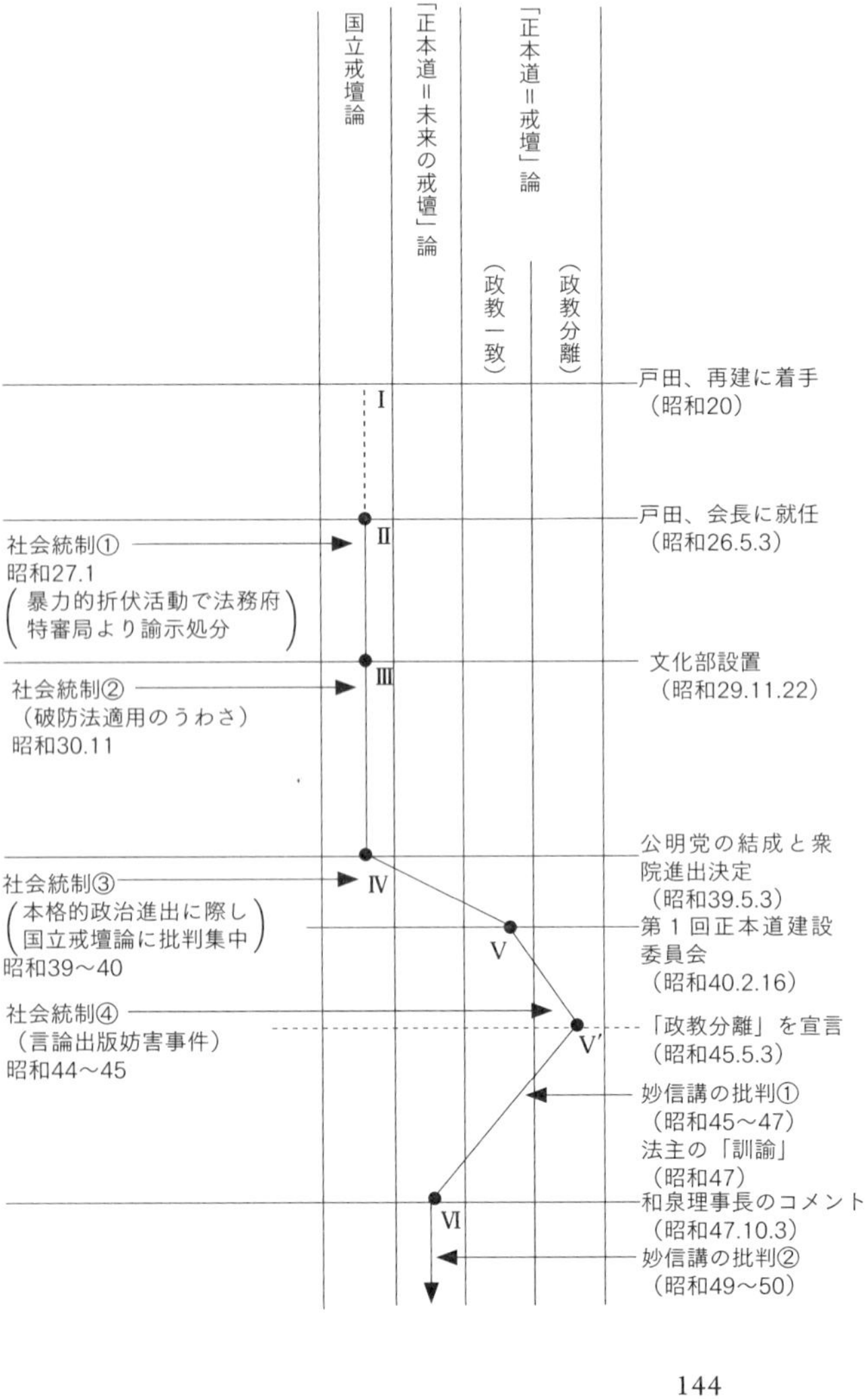

**図 4-2　段階ごとの戒壇論の特徴（西山 2016：255）**

| 段階区分 | 戒壇論の特徴 |
|---|---|
| 第１段階 | 模索段階<br>・戒壇建立には言及なし |
| 第２段階 | 民衆の折伏教化→広宣流布→国立戒壇の建立<br>・天皇帰依による戒壇建立の否定<br>・政治進出には言及なし |
| 第３段階 | 折伏→広宣流布<br>政治進出→国会の議決<br>（以上二つ）→国立戒壇の建立<br>・限定つき政治進出（政治化と衆院進出の否定） |
| 第４段階 | 折伏→広宣流布<br>政治進出→（政権獲得）<br>→国会の議決<br>（以上）→国立戒壇の建立<br>・「民衆立の戒壇」（内容的には国立戒壇）の強調<br>・本格的政治進出（政党化と衆院進出） |
| 第５段階 | 正本堂＝本門戒壇<br>・国立戒壇論の放棄<br>・「政教分離」（昭和四五・五・三以降） |
| 第６段階 | 正本堂＝未来（「舎衛の三億」の定義による広宣流布の暁）の本門戒壇<br>・「政教分離」 |

10月3日）。そして⑥日蓮正宗内部の講である妙信講（現・顕正会）からの圧力により、正本堂を「未来の本門戒壇」であると位置づけなおした第六段階（〜論文発表時の75年）。

　正本堂や妙信講というワードは、本稿では重要ではないので読み流してもらってかまわない。ポイントは、**第四段階から第五段階にかけての変化**が最も大きいものだったと西山が結論づけている点にある。

　創価学会の政治進出は国立戒壇建立という社会規範とつよくバッティングする目標とともに開始されたが、参院、そして衆院へと政治進出の程度を深めるなかで、やがて社会からの統制圧力を高め、ついには1965年2月16日の第一回正本堂建設委員会をもって国立戒壇論を実質的に放棄するにいたった。

**「創価学会は、第五段階以降（一九六五年以降）に、デノミネーション化した」**（西山2016：259）。つまり外部からの政教一致批判を回避するために、一番「ヤバい」教義を創価学会は捨てたわけだ。

どのような過程を経て国立戒壇論を放棄したのか、を語りはじめると煩瑣になるので省略する。ごくざっくりといえば、国につくってもらうという目標をやめて、自分たち日蓮正宗信徒で勝手につくってしまうという話にした。これは「国立から民衆立へ」と総括される動きである。

あわせて学会の著作物でも国立戒壇という文字はつかわれなくなった。これは塚田（2015）も指摘しているが、第3章では戸田の王仏冥合論を引用したけれど、文中で使用された「国立戒壇」の文字も、1965年に刊行された和光社版『戸田城聖全集第一巻』に収録された際には、とくに断りもなく「本門戒壇」に変更されている。戸田が「日蓮大聖人の至上命令」とよび、政治進出の唯一の目的としたものは、戸田自身の著作からも姿を消すこととなったわけだ[17]。

以上、西山の議論をまとめてみた。くりかえすが西山にとって重要なのは第四段階から第五段階への変化、つまり**国立戒壇論を実質的に廃棄した65年2月16日から、公明党との**

**政教分離が宣言された69－70年の言論問題にかけての時期**にある。これを西山は「高次化された手段的目標（衆院進出）の達成と引き換えに、これまでの最終目標（国立戒壇）を放棄して社会統制に服した」（西山2016：256）とまとめている。

図4－1を見ても了解されるように、戒壇論だけに注目した場合、公明党結成と衆院進出が決定された1964年5月3日の第27回本部幹部会から、言論問題批判を受けたあとの第33回本部幹部会を経て、妙信講からの再批判をうけるまで、**順次圧力を強める社会統制のなかで、創価学会の政治参加は一貫して「政教分離」のベクトルで進行した**と捉えられている。

本稿ではこうした認識を、**「創価学会の政治参加の脱宗教化過程に関する単線仮説**（以下：単線仮説）」と呼んでおこう。ごく単純にいえば、政治参加の度合いを強めるごとに、創価学会は宗教色を薄めていったと捉えられているわけだ。

西山の論文はこの時期の創価学会の政治参加をあつかった研究として重要なものであり、2016年に単行本としてまとめられた際にも、和暦が西暦にあらためられたこと以

17　ただこれは中野毅の指摘になるが（2015：178－179）、1981年に刊行された聖教新聞社版『戸田城聖全集第一巻』に同論考が再集録された際には「国立戒壇（本門の戒壇）」との表記になっており、注において、国立という言葉は「一時、一般の呼び名にならって使用してきたもの」であると補記されている。

外、ほぼ変更なしに収録されている。塚田（２０１５）は国家観や天皇観、ユートピア観などの観点からも同時期の創価学会を考察しているが、西山の議論にとくにこれといった修正は要求していない。中野毅（２０１５）は創価大学の教授であり、また創価学会の会員でもあるが、同時期の創価学会について、自身の学生部時代の体験を交えつつ論じている。ただ、戸田が早い段階から天皇ではなく庶民への布教を優先していたなどのいくぶん「進歩的」な観点を強調しつつも、大筋で西山の整理には同意している。

さて、それではようやく本題である。西山が約40年前に発表し、宗教社会学者らの多くがほとんど変更を加えないままに維持しているこの単線仮説は現在でも支持することができるか。別のいい方をしよう。**創価学会の政治参加は、公明党の結成と衆院進出を表明して以降、一貫して脱宗教化の過程を辿ったとの認識は事実だろうか。**

## 創価学会と公明党は一体不二

衆院進出以降、創価学会は脱宗教化していったか。上記の問いをもってこの時期の創価学会の発行物を読み返してみた時、つよい違和感のある記述にぶつかった。それは当時の布教活動にあって中心的な役割を果たしていた教説書『折伏教典』のなかにある一節である。

…公明党はあくまでも宗教政党である。

（中略）

ゆえに、創価学会を離れて公明党はありえない。もしあるとすれば、既成政党となんら変わることなく、政治のための政治に堕することは必然である。

されば、永久に創価学会と公明党は、常に一体不二の関係であり、さらに幅広く大衆の支持を得て進んでいくものである（創価学会教学部編『折伏教典（改定30版）』：３８２－３８３）。

この一節は、「公明党と創価学会の関係」と題された『折伏教典』の各論第五章第二節中の文章である。この文章は先述の塚田の著作でもエピグラフとして引用されており、創価学会と公明党の政教一致をしめすものとしてよく批判的に言及されてきた(18)。

18　同様の文言は１９６５年7月12日の青年部最高幹部会での池田のスピーチ「新時代の指導原理〝王仏冥合〟」にもある（池田大作『会長講演集第十三巻』：２５７）。

**公明党と創価学会が永久に一体不二**であるならば、組織外部にとっては信教の自由や思想・信条の自由への警戒感を与えるに十分であろう。また組織内部にとっても政策上の批判も困難になり、政治的信条の自由につよく抵触することになる。なぜなら創価学会と一体である公明党の政策にメンバーが反対することは、信仰上禁止されている「法華誹謗」になってしまうからだ。批判はもっともだといえる。

問題はこの文章が掲載された時期だ。『折伏教典』は版ごとに内容が異なり、その刊行年ごとの異同を確かめることでその時々の創価学会の教義の内容と変遷を知ることができるという便利な書籍だが、この本を28種あつめて考証した伊藤立教によると、上記の文言が収録されていた第五章第二節は65年1月2日発行日付の改定5版から新設されたとのことだ(伊藤2004：272)。しかし私の手元には1965年11月17日付発行の第8版があるが、その第五章第二節には上記の記述がない。先の引用は改訂30版からのもので、これが発行された日付は68年9月18日。

つまり、**創価学会は上記のような強い意味合いのある表現を1965年11月以降の『折伏教典』にあえて組み込んだ**ということになる。

西山らの整理によると、創価学会のデノミネーション化は1965年2月以降に決定的に進行したことになっていたはずだ。国立戒壇論を放棄することで政教一致批判を回避し、社会統制に服しはじめたとされる創価学会が、なぜこの時期に公明党との永久の「一体不二」という、ことさらに強い表現をわざわざ挿入する必要があったのだろうか。私の仮説は、**国立戒壇論を撤回したにもかかわらず宗教的意味合いの強い文言を挿入した、ではなく、国立戒壇論を撤回したがゆえに宗教的コミットメントを強くした**、である。どういうことか。

## 選挙に疑問を起こすのは信心の弱い人

鍵はやはり国立戒壇論だ。この表現が公式メディア上で使われなくなった時期を同定するのは難しいが、参考になるのは塚田のいっけん些細な指摘――『戸田城聖先生 質問会集』には「国立戒壇」の文字はなく、「本門戒壇」が用いられている（塚田２０１５：１３６）――である。

戸田の他の著作である『論文集』『巻頭言集』『講演集（上）（下）』はいずれも61年10月12日以前の初版刊行となっているが、『質問会集』のみ63年8月2日初版発行となっている。61年以前の著作には「国立戒壇」の文字は頻出するが、63年の『質問会集』には「国立戒壇」の文字はない。

つまり**61年10月12日から63年8月2日までの間に戒壇論をめぐる公式メディア上での表現規制に変更があったこと**が推察されるわけだ。

まず確認すべきは、政治的な争いについての池田の態度の変化である。この点で注目される発言は59年12月6日の男子部総会だ。演題は「いまこそ順縁広布の時」。ここで池田は、当時世間を騒がしていた日米安保問題に触れている。池田の会長就任は60年5月3日なのでこの時点ではまだ総務という役職であるが、2015年の安保国会時における創価学会の対応との比較の意味でも興味深い内容をふくんでいるため[19]、引用しておこう。

いま日本にとって、また私ども青年にとって、ひとつの関心事は安保問題でございます。そのことについて、ひとつの基本線だけを決めておいたほうがいいのではないかと思うのです。

それは安保改定に賛成するか、反対するか、別に御書には書いてないのです。賛成といっても、学会のなかから批判が出るでしょう。反対といっても学会のなかから批判が出ます。いずれにしても、批判が出ることはとうぜんです。なぜならば、ある人は共産党から、共産党では救われないで、日蓮正宗創価学会にはいった人もおります。それから社会党の系統ではいってきている人もおります。自民党思想をもって学会にはいってきている人もおります。教職員組合、または労働組合というふうに、あらゆる角度からはいってきている。学会内がカクテルみたいです。（中略）したがって、学会としては、こうしろ、ああしろということは、皆さん方の自由に任せておきます。ただ安保改定よりも、それよりか、もっと本源的に大事なことは、邪宗改定であると叫んでおきたいのであります（池田大作『会長講演集第四巻』：１３８－１３９）。

安保改定よりも邪宗改定はなかなかのパワーワードだが、ひとまずは見逃してほしい。重要なのは、創価学会は様々な思想をもった人間のあつまったカクテルのような団体であり、安保問題への賛否は、御書に書いていないので決めることはできないと述べている点にある。ひとまずこれを「**カクテル発言**」と呼んでおこう。

多様な人間のあつまりである宗教団体のメンバーに自分たちの宗教目標とは関係のない政策についての支持不支持を求めることは、必然的に混乱をひきおこす。池田はこの点に

19　２０１５年の安保国会時の創価学会広報部の対応については、筆者の個人ブログに書いたことがある。気になる方は以下を参照。タサヤマ's blog「創価学会本部が安保法案を公式コメントで支持することの意味について」、http://girugamera.hatenablog.com/entry/2015/09/13/055928（本書執筆時現在）。

自覚的だった。このスピーチは池田の会長就任後、闘争の激化してきた60年6月4日の『聖教新聞』にも再録されており、安保問題にたいする当時の学会の基本路線として重要であったことがうかがえる。前章では政党化に慎重だった戸田の発言を紹介したが、この路線はすくなくとも池田の会長就任当初に廃棄されたわけではないことが確認されよう。

そして、**このカクテル発言と矛盾する見解が打ち出されるのが、本書が焦点化する1962年前後の時期**である。

たとえば62年5月10日埼玉総支部幹部会での池田の講演だ。演題は「広宣流布の使命」。2カ月後にひかえた第6回参院選にむけて、池田は次のような指導をのこしている。

学会が選挙をやることについて、なかには信心の弱い人は、疑問を起こす人がいるかもしれません。しかし、このことについては日蓮大聖人様がおおせになっているのです。『勅宣並びに御教書を申し下して』…『御教書』というのは、今でいえば国会の議決、選挙なのです。日蓮大聖人様がおおせになっているのです。…また、恩師戸田城聖先生も『どうしても広宣流布をするためには、選挙をしなくてはならない』とおおせなのです。やりたくないと思っても、日蓮大聖人様のご命令ですから、どうしようもないのです。

信心が弱い人などは、選挙によってはっきりするのです。ぐっと強くなるか、あるいは、おかしくなっていくか、仏道修行における大きい節とも考えられます（池田大作『会長講演集第七巻』：29－30）。

**信心の弱い人は選挙に疑問を起こす。**この発言が選挙活動に抵抗のある会員にたいしてもつ「意味の強さ」は、信仰者ではない読み手の方には伝わらないかもしれない。たとえるなら、会社の飲み会を欠席した次の日の朝礼で、社長から「飲み会に来ない社員は仕事へのやる気が足りない」と全社員の前で一喝されたような、その100倍くらいの衝撃をイメージしてもらってかまわない。すくなくとも現在ではたとえ一会員同士であっても語ることが許されない発言であるといっていいだろう（実際にないとはいってない）。

念のためにいっておけば、この62年の時点で国立戒壇論は放棄されていない。つまり信仰上のリーダーが信仰組織のメンバーに信仰活動としての選挙支援を命じることは、国立戒壇の建立を国会で議決するという組織目標を堅持している以上、その限りにおいて正当である。なぜなら選挙は国立戒壇建立＝広宣流布のためだからだ。

ただ、同時に重要なのは、**この時期、公明党の前身である公明政治連盟がすでに発足している点**を考慮しなければならない。

1961年11月27日に結成された公明政治連盟（以下：公政連）は、いまだ政党ではないが、基本要綱と基本政策をもつ政治団体である。当初かかげられた基本政策は、①核兵器反対、②平和憲法の擁護、③公明選挙による政界の浄化、④参議院の自主性の確立の4つ。また基本要綱には、政治理念として「日蓮大聖人の立正安国の精神」という文章が明記されている（松島淑・谷口卓三1969：19－20）。

ただ、国立戒壇という信仰上の目標を維持し、また基本要綱のなかに宗教色の強い理念である「立正安国論」という言葉を明示しているからといって、そこで掲げられた基本政策すべてが信仰目標と直結しているわけではない。つまり4つの基本政策はとくに反対すべきものではないかもしれないが、経済政策や教育政策に関心や利害のある会員にとっては積極的に支持するようなものではないかもしれない。政策的に支持したくないにもかかわらずお前は信心が弱いと怒られると困ってしまうだろう。支持を強制することが、会内メンバーの「政治信条」と「信仰心」の間に緊張をもたらすことになるのは当然といっていい[20]。

勘のいい方ならすでに察していると思う。以前のカクテル発言をなかば覆し、選挙活動それ自体への強いコミットメントが必要とされるようになった背景。それは選挙という組織活動を継続するなかで、政治団体をもつ必要に迫られたこと。そして政治団体の結成は、必然的にメンバー内に「信仰心」と「政治信条」の間での葛藤をもたらすものであったことにある。

当時の創価学会は、この**「組織としての信仰目標」と「メンバーの政治信条の自由」**の**相克**という組織マネジメント上の課題をクリアする必要があった。別言すれば、多様な構成員からなる創価学会員という集団を、国立戒壇論という根本目標を明示しないという条件つきで、公政連という政治団体への選挙支援活動にモチベートする必要があったわけだ。

国立戒壇論はもうおもて立っては使用できない。彼ら彼女らはいかなる論理でこの難題に対応したのだろうか。以下、メンバーを選挙活動へとモチベートするために池田らが使用した論理のいくつかをまとめてみたい。

20　こうした政治理念を掲げた公政連が当時の創価学会との関係をいかに自己規定していたのかについては、『公明』1962年10月（第一号）での北条浩公政連副委員長（当時）の発言を一例として引用しておく。「最後にいいたいことは、公政連といえども、公明会といえども、創価学会あっての公政連であり、公明会であるということだ。即ち、会長池田先生あっての公政連であり、公明会であるということだ。師を忘れて弟子はあり得ぬ。信心第一に、自ら王仏冥合の実践者たることである。先生の指揮のもと、全生涯を広布に捧げ、先生に捧げるという人生観こそ、政治部員の使命を全うするゆえんであると私は信ずる」（『公明』1962年10月、第一号：13）。

## 選挙＝公場対決論

第2章でもふれたが、現在の創価学会と公明党の関わりについてよくなされる批判の一つは、創価学会が選挙を「法戦」と呼んでいることだろう。ただ念のためにいっておけば、かつての創価学会では、広宣流布という目標達成のための活動全般を「法戦」と呼んでいた。[21] つまり選挙活動だけに限定されるようなものではなかったわけだ。

本稿ではこの法戦という言葉の来歴すべてを追うことはしないが、**選挙という活動の宗教的位置づけ**に関して、公政連が結成されてはじめて迎える国政選挙である１９６２年の

1962年7月1日の第６回参院選の直後、7月7日付の『聖教新聞』掲載の４コマ漫画。候補者の全員当選を「やっぱり学会は力があるんだ」と喜ぶ登場人物

参院選の前後に興味深い進展がなされていたことを指摘しておきたい。

その前史とみられるのは、1959年5月3日、両国日本大学講堂でおこなわれた本部幹部会での池田のスピーチだ。この講演で池田は、前月におこなわれた統一地方選挙、および1カ月後に予定されている第5回参院選に触れつつ、「大聖人様の至上命令である国立戒壇建立のためには、関所ともいうべき、どうしても通らなければならないのが、創価学会の選挙なのでございます」（池田大作『会長講演集第四巻』：81）と述べている。

当時ははじめて政治に進出した55年の統一地方選から4年しか経っていない。また、会員数の急激な膨張期にあり、いまだ創価学会の選挙活動について納得できないメンバーも多数いたと考えられる。そうしたメンバーをモチベートするにあたって、「大聖人様の至上命令」などの言葉を引きつれつつ持ちだされてきたのが、この選挙＝関所論である。(22)

この選挙＝関所論からさらに一歩踏みこんだ表現として、**選挙＝公場対決論**というもの

21　たとえば1961年1月24日におこなわれた城西支部結成大会のスピーチのタイトルは「座談会こそ法戦場」であり、「創価学会の今日までの大発展も、その根底は初代会長牧口先生いらい、ぜんぶ座談会を法戦場として今日に至っております」との表現がみられる（池田大作『会長講演集第二巻』：28）。

22　同様の用法は、同年8月に発表された論考「今後七年の戦い」でも確認される。「国立戒壇建立の関所ともいうべき、今度の参院選における大勝利の原因…」（池田大作『会長講演集第四巻』：291）。

がある。これが唱えられはじめたのが、さきの関所論の約3年後、第6回参院選投票日の約2カ月半前におこなわれた1962年4月15日の「北条時宗への御状講義」である。

時の執権である北条時宗にたいして、他宗の僧侶との法論を要求したとされるのがこの日蓮のテクストで、その宗教の正邪を決定するためにおこなわれる公開の法論を「公場対決」と呼んだ。池田はこの文言を受けとって、現代においてこの公場対決にあたるものが「選挙」であると述べている。なぜなら「民衆の代表として、どれだけの得票があり、そして国会において活躍をするかということが、私はりっぱな公場対決であると思う」（池田大作『巻頭言・講議集』：234）からだ。第3章でも触れた選挙の「教勢証明」機能が、日蓮のテクストと結びつくことで、よりひろく解釈されたとみることも可能だろう。

重要なのは、とくに教義上の由来をもたない関所という言葉からさらに進んで、**日蓮という自らの信仰上の究極的権威に由来する公場対決という文言をもって選挙活動を聖化した点**にある。もちろん戸田時代から政治進出は国立戒壇建立のための戦いであり、信仰活動であることは変わらない。が、**選挙という活動それ自体を教義上の言葉で意義づけることが**この頃から頻出するようになった。

こうした「選挙活動それ自体の聖化」は信仰活動のなかでどのような帰結をもたらしたか。それが端的にあらわれた発言として、1962年5月12日の東京第一本部幹部会での池田のスピーチを挙げておこう。講演タイトルは「第三勢力に発展」。間近にせまった参院選へむけて、立正安国論、守護国家論、三大秘法抄などを引用しつつ、現在においては選挙こそが広宣流布の戦いであると位置づけている。

したがって、世のため、令法久住のため、また広宣流布のために、日蓮大聖人様のおおせどおりに、日蓮大聖人様のおおせの広宣流布の段階のひとつは、現在においては選挙戦になります。…その選挙戦、広宣流布の活動をしているわれわれに、日蓮大聖人様が、そして諸天善神が、また三世十方の仏・菩薩が、われわれの生活を、われわれ自身に功徳を与えないわけもないし、守護しないわけも絶対にないと、私は確信するのです（池田大作『会長講演集第七巻』：35－36）。

選挙戦は大聖人のおおせのとおりの活動なので、当然功徳が与えられる。このあたりはどこまで一般化できるかはわからないが、たとえば企業が新規事業をスタートさせる際、担当部署のモチベーションを高めるために、根本にある企業理念からその活動を意義づけたり、また営利企業であればメンバーの報酬をアップさせたりといった方策をとることが考えられる。創価学会は宗教団体であって、金銭という報酬を払えない。代わりに功徳という報酬を払うのだ（＝**報酬の功徳払い**）。

また、目に見える対価を付与できない代わりに、当該活動を宗教的意味に意義づけることでメンバーにやりがいを与え、信仰活動をアクティブにすることもできる。会社の資本という限界がある金銭報酬にくらべ、言葉によっておこなわれる宗教的意義づけは実質無制限であり、ときとして過剰に信仰心を煽ってしまう危険性もある（＝**宗教的やりがいの搾取**）。

信仰者に対してある活動をうながす場合、信仰上のリーダーが取りうる最もシンプルな方法は、当該活動が信仰組織を助けるものであること、または信仰活動そのものであることを理解させることである。当時の創価学会もこのシンプルな方法をとったといえる。つまり選挙とは広宣流布の戦いである。**選挙活動には功徳がある**のだ。(23)

現在では公式メディアに掲載されることはないが、「選挙戦の功徳」というテーマで語られた体験談は無数に存在する。たとえばすこし時代はくだるが、創価学会女子青年部の体験談や決意文をあつめた非売品の文集『ＭＹ ＥＸＰＥＲＩＥＮＣＥ 私の体験 Vol.３関西・京都・兵庫版』（１９６８年刊）から一つだけ引用しよう。タイトルは「戦いに勝ちえて」。

一昨年の春、この地の一角に初めての公明党議員が出馬する町会議会の選挙が行われた。私も派遣として念願だった遊説に、不安と嬉しさでその地に向かった。私の家からは自転車か、歩かねばならないので一時間近くかかる。毎日四時起床、題目をあげながら今日も一人でも多く公明党の味方にと願った。

一日中マイク片手に、山奥の村から次の村へと自転車と徒歩の戦いである。田畑の中から手を振ってくれる人「頑張ってね」と手を握ってくれる人、思わず池田先生の「戦うからには必ず勝つ」といわれたお言葉を思い出し、着々と広宣流布への手を打ってくださっている池田先生に、何としてもお応えしようと決意した。又、こだまするマイクの響きさえ勝利を願っていてくれる同志の題目の様に聞こえる。この小さな戦いこそ、直接大衆とのつながりである一番大切な戦いだと思うと、疲れなどどこえやら（原文マ

23　参院選投票日直前の１９６２年６月28日付『聖教新聞』一面には、「会員に功徳厳然」というタイトルで、参院議員にして創価学会理事であった柏原ヤスの談話が掲載されている。

マ）である。夜にははれあがっていた。しかし、この様に戦える福運を思うと〝必ず勝たねば〟としか思えなかった。

結果として大勝利を得た日、季節はずれの真黒になった顔に涙があふれ、思わず〝御本尊様、池田先生、勝ちました〟と声が出ていた。それ以来、神経痛のあった私は、痛みどめの薬ものまなくなり忘れてしまった。勝たねばの一念で過ごした日々、どんな苦しみにもたえていける私の大きな戦いの思い出である（３９７ページ）。

選挙の戦い、池田の指導、題目、勝利、そして神経痛の解消。すくなくとも当時のある一人の創価学会員にとって、選挙戦が広宣流布のための戦いであったことは了解されると思う。

もちろん公明党の支援活動に功徳があるのが事実かどうかはわからない。ただ、功徳があると信じて活動した学会員がいたことは事実である。

## 公明党結成とその教理的位置づけ

以上、池田が会長に就任した１９６０年前後から１９６２年頃までになされた政治参加についての発言をまとめてきた。会員の政治的自由に配慮したカクテル発言からはじまり、選挙に疑問を起こす人は信心が弱い発言、選挙＝公場対決論、選挙de功徳論など、徐々に選挙活動そのものへの信仰的コミットメントを強めていったことが理解されたかと思う。

これら以外にも、布教が拡大するごとに日本に自然災害がこなくなるという戸田時代にもあった発想からさらに進んで[24]、政治家の信仰心と国土の天体現象を直接的にむすびつけつつ自分たちの政治参加を正当化した指導[25]や、戸田時代の防御陣発言からさらに踏みこん

24　たとえば1961年5月13日の『聖教新聞』の質問会のコーナー。学会の文化活動と、国会・地方議会での学会の使命と今後の方針についてという会員からの質問に、鈴木理事（鈴木一弘のことか？）は以下のように回答している。
「その証拠をあげますと、台風があまりこなくなってきた。戸田先生が会長にご就任になられてから、もう学会員がふえるにしたがって台風がこなくなった。東京に会員がふえたら、東京にこなくなりました。こんど、大阪にふえたら大阪にこなくなった。九州にふえたら九州にこなくなった。最後には上陸するところがなくて台風がよろめいている。それはたしかに新聞にもヨロメキ台風というようなものが出ていたと思います。そういうように災害がこなくなったということは不思議だと思うんです」（『聖教新聞』1961年5月13日）。

25　1960年3月の「上野殿御返事講義」（池田大作『会長講演集第六巻』：291－335）や、1961年8月の「立正安国論講義」（池田大作『会長講演集第二巻』：311－343）など。

だ形での政治部員による創価学会の「外護」をもとめた御書講義[26]などいくつかある。

ただこのあたりは会員の政治的自由という論点からはすこし副次的な話になることもあり（あとかなりきな臭い話になってしまうので）本書では省略する。ひとまずは**戒壇論によらないかたちで政治参加を宗教的に正当化する論理が1962年前後に蓄積されたという点**を押えてほしい。

さて次に検討するべきは、これら宗教色の強い発言が、衆院進出表明と公明党の結成以降に薄められたのか、という問題だろう。もし単線仮説に従うなら、政治参加の度合いを強めたとき、創価学会はより脱宗教化された言葉でもって自分たちの教義を再構築するはずだからだ。

こうした点を確認するにあたって注目される池田の発言や著作は多くあるが、ここでは1冊に限定する。池田大作著、細井日達監修の『日蓮大聖人御書十大部講義第一巻 立正安国論』（以下、『立正安国論講義』）である。この本の奥付をみると66年7月3日発行となっており、西山の枠組みでいう、国立戒壇論が実質的に廃棄され、創価学会のデノミネーション化が決定的に進んだとされる第五段階、1965年以後の著作に該当する。

この講義について当時の教学部長である小平芳平は、初の衆院選間近の67年1月号の『大白蓮華』で、「王仏冥合戦の最終的段階として、近く予定される衆議院の解散、総選挙に、初めて公明党が進出しようとしている。その歴史的意義や必然性などを、詳細に論じ解明しつくしたものがこの『立正安国論講義』である」（33ページ）と述べ、この教説書と衆議院選挙を直接的にむすびつけて論じている。

ざっくりといえば、**創価学会の衆院進出の根拠を示したものとして同講義は捉えられて**いるわけだ。(27)

26　たとえば1962年6月20日におこなわれた和歌山支部幹部会での池田の「法華初心成仏抄講義」である。約10日後に控えた参院選投票日の直前のこの会合で、池田は「此の俗男・俗女は法華経の行者を憎み罵り打ちはり・きり殺し所を追ひ出だし或は上へ讒奏して遠流し・なさけなくあだむ者なり」という日蓮の文章を引用する。法華経をひろめる人は「憎み罵り」、つまりは嫌われるのだ。自身が逮捕されたこともあってか、または善意で活動するメンバーに対する世間の風当たりの強さへの憤りのためか、創価学会を「無理解」なままに批判するこの社会に対する池田の憤りは激しい。彼の言葉は率直である。
「ですから、どう考えても、わが同志の中から、たくさんの国会議員、市会議員、区会議員等を出して、広宣流布の外護の任をまっとうしてもらわなければならないと思うのです。
　それはもう、悪い人ばかりです。皆さん方も、この経文どおりだと思うでしょう。断固としてわが同志を国会へ送り出し、いままで三類の強敵にいじめられてきたけれども、こんどは、わが日蓮正宗創価学会をいじめるものを、こちらから反対におさえていく、力をもって反対にこんどは、弾圧していくというところまで、団結をもってすすんでいこうではありませんか」（池田大作『会長講演集第七巻』：267-268）。

27　私の手元には、当時の男女青年部の部隊長以上の全国の幹部陣の体験談や決意文をあつめた文集『革命児Vol.2』（66年10月12日発行）と『私の体験Vol.2』（66年11月3日発行）があるが、翌年にひかえた衆院選にむけて、両文集中で最も多く引用され、自らの指針として言及されていたのがほかでもない『立正安国論講義』であった。

内容に触れると長くなるので、ここでは本稿にとって重要な記述をいくつか列挙するにとどめよう。まず創価学会と公明党との関係については、「公明党とは即、創価学会の異名であり、一体不二の関係にあることを知らなければならない」（池田大作『日蓮大聖人御書十大部講義第一巻 立正安国論』：72）と述べており、この衆院前の時期においても創価学会＝公明党一体不二論を維持していたことが確認される。

ほかの箇所では「永久に宗教団体である創価学会が本地であり、公明党等は、その垂迹、すなわち、影の関係にあることを知らねばならない」（同：859）とも書かれている。本地は「本当の姿」、垂迹とは「仮の姿」を意味する宗教用語である。つまりは創価学会と公明党は一体不二ではあるが、力関係的には創価学会のほうが絶対的に上であると宣言しているわけだ。

また、一体不二論のすぐ後の段落では、三大秘法抄を引用しつつ「主権在民なれば、全民衆が創価学会、公明党の主張を納得し、全民衆の総意において王仏冥合を実現することである」（同：72）との記述もある。全民衆の総意において王仏冥合を実現する。文字こそ使用していないものの、国会の議決による国立戒壇の建立をいまだ放棄していないと受けとることも可能だろう。(28)

会員に対して公明党以外の政党を支持することも自由であるという記述もあり（同：

864）、メンバーの政治的自由という観点からはいくぶん脱宗教化が進んだのではないかとみることも可能である。ただ同時に、選挙＝公場対決論も維持されており（同：1135）、この自由発言が信仰活動の現場で実際に顧みられたとみることは難しいだろう。

また、公明党をつうじて信教の自由の否定をするようなことはないとはしているが（同：862）、別の箇所では国難は一国謗法（＝日蓮仏法以外の宗教を信じていること）にあるとし、一家の謗法払いの際にあくまでも本人の主体的意志によって自発的に行わせたのと同様に、国家においても謗法を断ち切ることが「国土を守るため、第一の肝要」であるとしている（同：992）。ほかの宗教を信じている人にとって、公明党の衆院進出が脅威に映ることも当然である。

以上、『立正安国論講義』についてまとめてみた。あえてあっさりと触れるにとどめたが、創価学会の政治参加は衆院進出と戒壇論の放棄以降に脱宗教化したという西山の整理を疑わしいものにするには十分だったかと思う。

28　先に触れた『革命児Vol.2』には「広布達成の儀式には衆議院の議決を必要とする」（51ページ）と書いているメンバーも確認される。

そもそも公明党を結成してはじめて迎える衆院選の「歴史的意義を解明した」とされ、幹部陣の決意文においても最も多く言及される著作が、『政治と宗教』などの対外向けに用意された理論書ではなく、『立正安国論講義』という日蓮の著作の解説書であったことからも察せられるであろう。すくなくとも衆院選の直前のこの時期、創価学会の政治参加から宗教色が薄れたとはいえない。

## 組織中心主義の台頭

ここまで公明党が結成された1964年前後に分けて、創価学会の政治参加を意味づけたとみられる発言の変遷をふりかえってきた。第2章では創価学会の公明党支援がクリアしなければならない課題として、政教分離原則を定めた憲法20条の壁のほかに、個人の思想・良心の自由について規定した憲法19条の壁という2つがあることを指摘した。本章の考察は、創価学会の政治参加における脱宗教化の程度を、政教分離の観点からだけではなく、メンバーの政治信条の自由をどの程度許容するかという観点からも分析したものと捉えることもできるだろう。

国立戒壇という教義を言葉のうえで放棄した1964年5月からスタートし、65年2月以降に唱えられた正本堂＝本門戒壇論によって創価学会の政教分離過程が決定的に進行したというのが西山の整理だが、戒壇論以外を読めばそうでないことが了解されたと思う。政治家の宗教的帰属が国土の天体現象に直結する（邪宗天災原因論）、選挙活動それ自体を宗教的に聖化する（選挙＝公場対決論）、公明党と創価学会は永久に一体不二である（創価学会＝公明党一体不二論）、政治権力をもって正法＝創価学会を守ることは正しい（外護集団としての公明党）など、１９６２年前後に蓄積された見解を利用しつつ、一面ではむしろ宗教的コミットメントを強めたとさえいえる。

　考えてみれば当たり前だ。戒壇論の変更という行為に影響をもたらすファクターは、社会という外部と日蓮正宗という内部からの圧力だけではない。**創価学会員というコミュニティメンバーの同意が必要不可欠**なのである。国立戒壇論は政治進出の最も核にある思想ではあったが、それのみで集団が動機づけられるわけではない。**戒壇論を後退させることは、信仰上の裏付けを弱めることを意味する。ならば別のかたちで意義をあらたに付与することはむしろ組織運営上、必然といっていい。**

　このような観点から振りかえってみた場合、『折伏教典（改定30版）』や『立正安国論講義』などの１９６５年以降に刊行された書籍のなかに、「公明党と創価学会の一体不二」というきわめて強い意味合いの表現を組みこまれたことは、すくなくとも組織マネジメント的には十分に理由のあることだったといえる。カクテル発言など、戸田および会長就任直後の池田が、政党化することによる弊害に十分に自覚的であったことを私たちはすでに知っている。国立戒壇という政治参加の当初にあった目標を言葉のうえでは放棄し、また多様な構成員をかかえる宗教団体が、公明党という単一の政治団体の支援を継続するには、その支援活動が信仰活動であることが求められた。

つまり当時の創価学会は世間知らずであったから創価学会と公明党の一体不二を唱えていたのではない。一体不二である必要があったのだ。

ただ、文中でも触れたように、公明政治連盟の結成された前後から開始された政治参加へのコミットメントの強化は、次第に無視できないほどの過剰さを示しはじめる。たとえば、1965年5月17日に行われた生死一大事血脈抄講義だ。公明党を結成してはじめて迎える参院選を2カ月後にひかえたこの講義のなかで、池田は以下のような発言を残している。

御本尊を中心としての王仏冥合です。その王仏冥合のために、選挙をすると決めたならば、一致団結して戦い抜くことです。

…異体同心、すなわち創価学会とともに団結して行動することによって、初めて個々の一生成仏ができるというおおせです。それが、生死一大事血脈ということです。したがって、団結しないことは謗法です（池田大作『会長講演集第十三巻』：332）。

**選挙のために団結しないことは謗法。**この言葉が学会員に対して与えるインパクトの大きさを説明するのは困難かもしれない。謗法とは字義的には「仏法の教えを謗ること」を意味するが、この言葉にはそれ以上の、たとえるなら台所の生ゴミを手袋なしでさわったあとの汚れた手で頭のなかの脳や臓器に直接触れられるような、生理的な嫌悪感のようなものがある。一般的な用語でいえばタブーだ。公明党を支援しないことは創価学会という信仰の宗教的禁忌になったのだ。[29]

また、池田はこの発言に引きつづき、「信心根幹に、題目を唱え、その人、その人の立場は違っても、ぜんぶ〝選挙に勝とう〟〝王仏冥合を前進させきっていこう〟と団結して前進していくことが大切なのであります」と述べている（同：332）。

29　同講義は「参院選の勝利めざして」という特集を掲げた『大白蓮華』1965年7月号にも抜粋が収録されている（64－65ページ）。

これはたとえば現在の活動の現場にあっても、公明党の政策や候補者の人格などへの疑問を口にした会員に対して頻繁になされる「**でも、結局は信心だから**」という指導とも通底する発言であろう。会員個人の所属階層や政治信条などの「その人の立場は違っても」選挙の勝利のために信心根本で団結して戦いぬくことが必要とされる。なぜならそれは王仏冥合＝広宣流布のためだからだ。

さらに上記の発言につづく箇所で、池田は「ですから『異体異心の者之有れば例せば城者として城を破るが如し』——城を破る者です。学会の組織についてこないということは異体異心です。この御書に反しているのです。ですから成仏は絶対できないのです。それほど創価学会の団結、創価学会の組織は、不思議なる力があります」（同：333－334）と述べている。

**選挙のために団結できない会員は絶対に成仏できない**。行くところまで行きついた感があるだろう。公明党を支援できない会員は、いくら創価学会員としての活動をつづけても信仰的なゴールへと到達することが不可能になった。なぜなら選挙をすると決めた組織の決定に従わないからだ。

**選挙活動を日蓮の言葉によって意義づけつづけるなかで、やがて選挙活動と日蓮の教義（御書）が一体化し、ついには選挙活動に賛同できないことがそのまま日蓮の教義への違**

**背へと帰結する。**ここには時として語られる会員個人の選挙の自由など、ほぼどこにも存在することが不可能なのは自明だろう。

国立戒壇という具体的で限定的なシングルイシューから、王仏冥合や仏法民主主義という抽象的な観念へ。それは最も「ヤバい」教義を公式に放棄することで、政治参加の宗教的色彩を弱めたかにみえるが、抽象的であるがゆえに、具体的なよりどころを求めることになった。それが**組織**だ。[30]信仰対象が「日蓮仏法」から「日蓮仏法を現代において唯一拡大する創価学会という組織」にスルリと横滑りしたわけだ。

くわしくは最終章である第５章で検討するが、２０１６年の会則改定で話題になった

30　ほかには１９６４年3月26日の地方大幹部会の池田のスピーチ。ここでは組織の決定を守る幹部を善、守らない幹部を悪としている。

「よく革新政党においては、党の決定は絶対守るべきだ、党の決定は厳守すべきである。このようにいわれております。いかなる団体においても、その方程式は同じであります。最大公約数として、一つの正式な機関で決定されたことを、責任をもって実践すれば善であり、それに逆らい、それをないがしろにして実践しなければ悪になるのです。と同じように創価学会におきましても、本部の決定、理事会の決定、大幹部会の決定があって、それを責任をもって実践する人は、まっとうする人は善です。それをおろそかにし、責任をもたず、ないがしろにする幹部がいるとするならば、それは悪なのです。

仏法のうえから論ずるならば、その決定を実践した人は功徳があるのです。実践しない人は罰をうけます。こういう論理がとうぜん成り立つわけです」（池田大作『会長講演集第十一巻』：１２２－１２３）。

「**創価学会仏**」という教義も、じつは選挙活動それ自体の聖化が進行した62年の、しかも先と同じ生死一大事血脈抄講義から唱えられはじめたものであることも指摘しておこう。

もちろん数多くなされた指導のなかには組織主義の行きすぎを批判した発言も残されているが、人を救い、法をひろめるための手段であったはずの組織が、活動の進展の中で目的そのものへと転化していく。これは他の急進的な社会運動に時としてみられるものと同様かもしれない。こうした組織中心主義のインフレーションは、やがて言論問題＝言論出版妨害事件というカタストロフィへと結実していくことになる。

## 言論問題と池田大作の政教分離宣言

言論問題＝言論出版妨害事件とは、1969年末から1970年にかけて起こった社会問題である。明治大学教授の藤原弘達の書いた『創価学会を斬る』という本の出版・流通を阻止するために創価学会と公明党が様々な行動をとった事件とされており、当時自民党の幹事長だった田中角栄が関与していたこともあって、大きな話題を集めることになった。

ただ、本稿では言論問題とはいかなる問題であったかについての判断はしない。この事件を契機として、政治をめぐる創価学会側の発言内容が決定的に変化したことを池田の言葉を跡づけることで整理したい。

創価学会の政治に対する態度の変化、これが最も明確にあらわれたのが1970年5月3日第33回本部総会でのスピーチ「人間勝利の大文化めざして」である。本稿の関心に照らして重要なのは、大きく分けると2つ。「**国立戒壇論の徹底的かつ不可逆的な廃棄**」と、「**創価学会と公明党の組織的分離**」だ。

まず国立戒壇論の廃棄についての発言をまとめると、以下の4点になる。①本門戒壇は「国立」である必要はなく、信仰者による「民衆立」が本意である。②国会の議決によって戒壇を国立化することはない。③国教化もしない。④公明党は大衆福祉を目的とする国民政党であり、政界進出は戒壇建立の手段では絶対にない。

66年の『立正安国論講義』の時点でも「一国謗法を断ち切る」等の言葉で匂わしていた国教化や、自分たちの資金で戒壇を建立したのちに事後的に国有化するという懸念についても、ほぼ完全な形で否定されている。

つぎに創価学会と公明党の組織的分離について。①議員の学会役職兼務をみとめない、②会員の政党支持の自由は堅持する、③創価学会は公明党の支持団体であり、地域ごとの選挙支援はするが、選挙活動は党組織の活動とする、そして④池田自身が政界に出ることはない、という4点が確認された。
会員個人の政党支持の自由を表明した発言は本稿にとって重要であるので引用しておこう。

学会員の個人個人の政党支持は、従来通り自由であります。学会は、日蓮大聖人の仏法、三大秘法の御本尊を信奉する宗教団体であって、政党支持については、会員の自由意思にまかせ、全く干渉するものではありません。

逆にいえば、いかなる政党支持の人であろうと、いかなるイデオロギーをもつ人であろうと、この妙法の旗のもとには、全く、なんの差別もなく、平等に包容されるべきであることを、明瞭にしておきたいのであります（池田大作『池田会長講演集第三巻』：23）。

**会員の政党支持には全く干渉しない**。イデオロギーに関係なくメンバーシップは保証される。これは60年時のカクテル発言に回帰したうえでさらに徹底したものといっていいだろう。

私の手元には、刊行されたものの中ではほぼ最後の版に近い69年4月1日発行日付の『折伏教典』第38版があるが[31]、そこには先に引用した創価学会＝公明党一体不二発言がそのままの形で残されている。憑き物が落ちたような、という表現は教義的にも語弊があるが、信仰が弱い人は選挙に疑問を起こす等の発言に比較すれば、ほぼ真逆の見解を表明したことになる。

ただ、池田はこの発言の後、「ただし、このことは、同時に政治の次元、イデオロギーの次元の問題で、学会内部を攪乱し、人々の信仰を濁らせ、組織を破壊する行為は、許されないことも意味します。（中略）これを乱す行為に対しては、除名などの措置をとるのもやむをえないと思うのであります」（同：23）と釘を刺すことも忘れない。

政治の問題で内部をみだす会員は除名する。この言葉を、安保法制や共謀罪等の問題で公明党の批判をおこなった会員に適用するのか、あるいは、本来なら自由であるはずの会員の政党支持が実際はそうなっていない現状の組織運営に対して適用するのかは意見の分かれるところだろう（様々な会員が集まる月1回の地区座談会において、全体60分の会合時間のなか40分間の公明党支援ＤＶＤを流すという判断をした地区部長・地区婦人部長は除名にすべきか、等）。このあたりのレギュレーションの適用の実態については今後の研

31　伊藤立教は論文中で、『折伏教典』の絶版の日付は判然としないとしつつ、確認できる最後の版として69年5月3日発行日付の第39版を挙げている（伊藤２００４：２５５－２５６）。

究課題としたい。

この政教分離宣言以降になされたもので言及に値するものは、１９９４年11月10日に発表された「今後の政治に対する基本的見解」であろうか。これを決定したのは第35回総務会、公明党の解散と新進党への合流に先立ってなされたものである。

> これまでの公明党一党支持を見直し、今後の選挙においては、候補者個々の政治姿勢、政策、人格、見識等をより重視し、人物本位で対応することを基本としたい。
>
> また政党支持については、これまでのように常に特定の政党を支持する立場はとらず、フリーハンドで臨み、選挙ごとに、その都度、態度を決めていくこととする。

70年の政教分離宣言時には創価学会は公明党の「支持団体」であるとされたが、この決定以降は、形式的には「選挙ごとに」決定されることになった。また具体的な支持政党の決定については「中央会議またはこれが設置する中央、方面及び県本部の各『社会協議会』において、慎重に検討のうえ行う」とされた。つまりあくまで形式的には、**創価学会はつねに公明党の支持団体であるわけではなく、各選挙ごとの各社会協議会の決定ののち、はじめて支援活動を行う**という手順を踏むことになったわけだ。

また、この70年5月という契機が創価学会という社会運動に与えた影響は、政治参加のありようについてだけではない。その影響全体について検討することは本書の課題を越えるが、一点だけ、他の宗教・宗派への態度の変化について述べておこう。

この変化が明確なかたちで現れたのは、1972年11月2日第35回本部総会の講演「21世紀開く精神の復興運動を」である。このスピーチの中で池田は、66年の『立正安国論講義』と同様に、世界の恒久平和を構築するには共通の精神的基盤が必要であり、それは宗教、なにより日蓮の思想こそその条件にかなったものであることを説く。ただ、『立正安国論講義』と異なるのは、その後の文章である。なんと、他の宗教との協力を容認するのだ。

宗教、信仰の相違はあっても、人間としての良心のうえから、平和のため、人間の尊厳を守るため、互いに手をたずさえていくことは可能であり、もし可能であるならば、力を合わせて、目的のために進むことが正しい生き方である、と私は思いますけれども、どうでしょうか（池田大作『池田会長講演集第四巻』：84）。

「威風堂々」や「紅の歌」などの現在でもうたわれる学会歌を除き、他の宗派を「邪宗」

と呼ぶことをやめて久しい現在の学会を知る人間にとって、この**宗派間協力発言**が当時の社会に与えた影響を想像することは難しいかもしれない[32]。しかしこれは創価学会史上における(すくなくともその対外イメージに関する)一大変革だった。

たとえば73年3月におこなわれた池田のインタビュー。この対談のなかでジャーナリスト・大森実が「そこでいちばん大事な質問になりますが」との前置きのもと、先の講演における宗派間協力発言の真意について質問しており、先のスピーチと同様の見解を引き出したことを受けて、「そうですか、それは特ダネになります」と応答している[33]。大森実にしてこの慎重さ。いかにこの発言が衝撃的であったかは推して知るものがあるだろう。当時2チャンネルが存在したならば、次のようなスレッドが乱立したであろうことは間違いない。【池田、撲滅やめるってよ】と。

もちろん池田は終始一貫して排他性とは無縁の平和思想家であって、会長就任当初のいっけん攻撃的にみえる諸発言も、当時の幹部の機根を勘案した方便にすぎないとみることも可能だし、本稿はそれを強いて否定しない。

ただ、たとえば先の『立正安国論講義』のなかでは、「もし、世界平和のために、教義の相違を捨てて大同団結しなければならないというのであれば、それは自宗の教義には、世界平和を実現すべき哲学がないことを意味する」(池田大作『日蓮大聖人御書十大部講

義第一巻 立正安国論』：923－924）という、72年の見解とは真逆のことを述べていたことは記憶されるべきだろう。[34]

こうした変化の要因を、「言論問題という社会からの圧力に屈したから」というネガティブな点に求めるか、はたまた「正本堂の建立によって広布第一章が完了したから」というポジティブな点に求めるかはいったん置くとして、この後70年5月のスピーチ以降、宗門外護や総体革命などの見慣れない単語はあるものの、現在の会員にとっても違和感のない講演内容、つまりは「いつもの池田先生」になっていく。リヒャルト・クーデンホーフ＝カレルギー（1972年）、アーノルド・J・トインビー（1974年）、松下幸之助（1975年）等と、池田が国内外の識者との対談本を相次いで刊行するようになるのは、こうした経緯を経たあとの歴史である。

32　会長就任5日後の関西総支部幹部会での池田の講演タイトルは「天理教を総攻撃せよ」であり（池田大作『会長講演集第一巻』：7－12）、就任7日後の男子部幹部会のそれは「立正佼成会を撲滅せよ」であった（同：20－26）。
33　池田大作、大森実『大森実直撃インタビュー　革命と生と死』：122－124。
34　1977年に改定された『立正安国論講義』では、この記述は削除されている。

## 政治団体化によって抱えた課題

以上、戸田と池田の残した言葉を中心に、創価学会の政治参加の変遷を振りかえってみた。現時点において創価学会が刊行した著作すべてのテキストマイニングは完了していないが、文中で言及したように、公明党との一体不二論は1969年4月の時点までは確認することができる。また、選挙＝公場対決論に関しては、すくなくとも『池田会長講演集第一巻』に、68年3月13日の池田のスピーチにおいても確認される。[35] このスピーチが収録されている『池田会長講演集第一巻』の発行日付は70年1月2日。つまりは会員の政党支持の自由を困難にするレベルでの公明党支援活動への宗教的コミットメントを要求する発言は、すくなくとも70年5月3日の会長講演直前まで継続されていたことになる。

本章で紹介したような観念群は全体が強固に結びついているために、一つの発言・または教義のみを取りだして創価学会の政治参加についての観念全体を総括することは難しい。シンプルにまとめれば、日蓮仏法という絶対的に正しい信仰があり、その信仰を現代社会において守りひろめる唯一正当な宗教団体は創価学会しかなく、その宗教団体から選出されたメンバーが政界（および他の社会領域）に進出することで世の中全体がラディカルかつポジティブに変化する、という論理構造がある（**日蓮仏法→創価学会→公明党**）。

また、そのような論理を導く前提として、宇宙のすべての事象の根本には宗教的次元からのみ正確に捉えられるルールや法則があり、そしてそうした法則やルールを正確に捉えられる宗教はただ一つしかなく、ただ一つの宗教を基礎に据えることで世の中すべてがうまくいくという観念がある。これをひとまず**宗教還元主義**と呼んでおこう[36]。

きわめて雑なまとめであるが、上記のような、**すべての社会事象の根底には宗教があるという観念**（宗教還元主義）**をもとにした、唯一の正しい宗教を唯一保持した自分たちによる世界変革運動の、とくに政治領域における展開**（日蓮仏法→創価学会→公明党）とし

35　言及したスピーチは「〝源氏〟の精神貫こう」。４カ月後に控えた第８回参院選へむけて「王仏冥合戦」の意義が語られている（池田大作『池田会長講演集第一巻』：１９８－１９９）。

36　提案される政策や政治家としての資質ではなく、その議員個人が創価学会員であること自体に絶対的なプライオリティを置く。たとえば以下のスピーチ。

「大御本尊様を受持し、大生命哲学、大思想、大理念をもった人が活躍するところに、ほんとうの、正しい政治観や、社会観、国家観が、現実に具現されていくわけであります。そういう政治家がいる国会は『法妙なるが故に人貴く』して『所は尊く』なるのですから…、だれがみても、さすがに国民の代表たる、りっぱな国会であるという方程式になると、私は思うのです」（池田大作『会長講演集第七巻』：81）。

のちの存在論的平和主義につながる論法といえる。

て、創価学会の政治参加は捉えることができるだろう。

第3章でみたように、戸田時代の政治参加の論理は、なにか具体的な政策には興味がなくただ国立戒壇の建立だけをめざすという、組織の外部にとってはまったく容認のしようのない運動である反面、組織内部にとっては宗教論理に合致するうえに政策選考の自由にまで配慮したものであった。

戸田の講演「広布の礎、文化活動」で示されたように、国立戒壇の建立という目的を共有さえしていれば、どこの政党から出馬することもでき、また55年4月3日付「聖教新聞」の社説でみたように、それは学会員同士の政治闘争さえ許容するものであった。好意的に解釈するならば、学会員のみで構成された政治団体によってこそ最高の政策が実現できるというイメージよりは、日蓮仏法さえ保っているならば、自民党に所属すれば最高の自民党代議士に、共産党に所属するならば最高の共産主義の闘士になるというイメージだったといえる。

もちろん現実の政治進出過程のなかで、既存の政党からの出馬という選択肢が困難になってきたことは想像に難くない。とくに革新陣営とは夕張炭労問題などの具体的な係争を抱えこんでいたわけで、次第に自分たちだけの政治団体を結成する／せざるを得なくなるという選択肢に落ち着くのは、学会側の意思はどうあれ必然であったといえるだろう。(37)

創価学会の政治参加。**その運動の性質が変化した契機は、衆院進出というよりは政治団体化にある**、というのが本章の見立てである。政治団体化、またはその後段としての政党化という段階を経ることによって、「信仰内容とは直結しないような諸政策への同意を会員から獲得する」という組織課題を創価学会は抱えることになる。選挙活動それ自体を宗教的に聖化した発言や、また支援政党と自らの宗教組織を一体であるとした教説も、そうした組織課題への対応とみることができる。

戸田時代のようにすると世間との軋轢がおき、池田のようにすると会内で混乱が広がる。このトレードオフ関係のボトルネックはどこにあるか。**信仰と政党支援を切り離せていない会内運営**、その一点にあることはいうまでもないだろう。

すでに繰りかえし指摘されてきたことだが、「信仰の純粋さを維持すること」と「その時々の状況のなかで合理的な政策を選択すること」は多くの場合トレードオフの関係にあ

37　創価学会が自前の政党を結成するにいたった経緯について、中野毅（2003：185-189）は、伝統宗教を支持基盤としていたという点では自民党と、また、夕張炭労問題（労組が支持を決定した候補に組合員でもあった学会員が投票しなかったことから引き起こされた係争）では社会党と敵対していたことなどを、その要因として推論している。

る。安保法制やカジノ法案、テロ等準備罪／共謀罪をめぐる近年の会内のいざこざは、政党化からさらに**与党化**という段階を経たことで、具体的な政策への賛否を会員に迫ることになり、信仰と政治信条の衝突がより強まることになった。

1970年以後の創価学会のリベラル化、または池田の平和主義とよびうる一連の発言が、言論問題で高まった世間の反発を回避するための方策であったのか、または宗門や戸田時代の古参の幹部といった軛《くびき》を脱するための内発的な行動であったのかについては本章では踏みこまない。が、そうした言論問題への対処／または平和主義という遺産が、与党化した現在の公明党の活動を阻害するものとして働くとするならば、それは歴史の皮肉といえるだろう。

政治参加をめぐる発言を振りかえってみた印象は、**選挙や公明党は創価学会にとって「社会とのチャンネル」として機能した**、というものだ。立正安国の精神のもとに世界の変革をなそうとしたが、一方的に影響を与えただけでなく、同程度かそれ以上に創価学会自身も影響を受けることになった。

現代風にたとえるなら、公明政治連盟および公明党とは、創価学会が戦後日本社会というSNSのなかで取得したツイッターアカウントのようなものといえる。ナンバーワン・

ツイッタラーになるという目標を掲げて過激なツイートを連発するうち、やがて言論問題という大炎上事件を起こしてしまうが、せっかく獲得したフォロワーを惜しんでアカウントを閉鎖できずにいる。(38)

## 創価学会への知識人による批判の空疎

本章を〆る前にすこしだけ話を広げる。もしここまでの議論を読んで、やはり創価学会

38　このあたりの議論を読んで、政治哲学に詳しい方はハーバマスの共同翻訳論を想起したかもしれない。この議論は宗教団体の政治参加というテーマを考察する際によく言及される。ざっくりと説明すると、あくまでも世俗的なルールに則って行われる政治的コミュニケーションと、宗教者の固有の権利を守るために持ち出されてきたツールであるといっていい。ハーバマスの提案するルールは、自分たちの会合やメディアといったインフォーマルなコミュニケーションでは宗教的な言葉づかいで自分たちの正しさを語り合うことは許されるが、議会や選挙支援といった政治プロセスに関わるコミュニケーションにおいては世俗的言語を使用しなければならないというもの。これを彼は「宗教的言語の世俗的言語への翻訳（translation）」と呼んでいる。公明党設立当初に唱えられた仏教民主主義や人間性社会主義といった奇妙な造語が語られたように、創価学会の政治進出史をこの翻訳（または誤訳）過程と捉えることも可能だろう。本格的な考察は専門の方にお任せするが、第2章でみてきたように、言論問題以後の創価学会はおおむねこの翻訳課題に表向きうまく対処できているようにみえる。ただそれは会内にすくなくないストレスを抱え込んでいることは第2章で議論した通りだ。ロスト・イン・トランスレーション。世俗的言語への翻訳を強いられたことで、私たちは何を得て、何を失ったのだろうか。

は頭のおかしいカルト教団だったと総括する人がいるのなら、それはこの社会運動をまったく理解していないと言わざるをえないと私は思う。カルトだファッショだと罵倒されながらも、新規の会員を獲得し、既存の会員のフォローアップを続けてきたからこそ、政権与党の一角を占める政党を作りだすまでの影響力をもった巨大集団がいまもある。

本書の執筆に際して、初期の創価学会にむけられた雑誌や当時の知識人たちの批判も同時にあつめてみた。それらを読んで驚いたのは、そこで使用された文言が、橋下徹が大阪で立ちあげた維新の会の台頭してきた頃に同会にむけられた批判と驚くほど酷似していたことだ。両団体とも、「政策に疎い民衆」を扇動する「全体主義的な」「ファシスト集団」と批判されてきた。

これは維新の会と創価学会＝公明党がじっさい似ているということを意味するだろうか。私はしないと考える。大阪という都市部で支持されているという共通点はあれ、少なくとも現時点において低所得者への再配分志向をもつ創価学会＝公明党と、いわゆる新自由主義的な政策への強い志向をもつ維新の党の政策距離は近くない。

むしろ自分たちに理解のできない庶民階層に支持された運動があらわれた時、その運動に全体主義なりファシズムといった言葉を当てはめるだけで批判が完了したとみなす社会批判ゲームを、この数十年間、知識人たちが飽きることなく続けてきたと総括した方が実情に近いのではないだろうか。

自分たちとは異なる階層にすむ人々を捉えるためのボキャブラリーの貧困。これは民主党政権の失敗以降、長期化する自民党政権の要因を考察する際にもあらわれている。自民党が支持されるのは日本が衰退して不安定になってきたからだとの評があるが、自民党は戦後日本のほとんどの期間を通じて政権を担当してきた政党である。衰退した先に選ぶ政党としては本来不適当であろう。

池田は１９６２年５月６日の会合で、次のようなことを述べている。

往々にして、世の中の指導者、それから上層階級の人々は、口ではうまいことをいいますが、見えっぱりで、利己主義です。真心こめて、ひとりひとりの病人や、ひとりひとりの貧乏人を、恥ずかしい思いなどしないで、自分のことと思って指導しているかといえば、ほとんど、そうでないように私は感ずるのです（池田大作『会長講演集第七巻』：12）。

体制批判のような大きな話にはつなげずとも、貧乏人や病人のケアにじぶんたちの時間を費やしてきた創価学会と、非正規雇用などの身近な「隣人」の日々の苦労には興味がないくせに、理解を隔絶した〈他者〉などというどこにいるのかわからない存在を探しつづけては権力批判ゲームに興じる知識人。

憲法や外交、原発や沖縄といったマジョリティの生活から遠い領域においては露骨に利益誘導的な政策をおこなおうとも、経済や雇用や福祉といった生活に密着した問題に関しては着実な実績を積みかさねる政権と、株価や有効求人倍率などの人々の生活に直結する問題には興味がないくせに、いざじぶんたちが人々から支持されないとわかれば「反知性主義」などという言葉で自らの愚民観を公にしてしまう知識人。

持たざる人々にとってどちらが信頼に足るか、そこまで難しい考察は必要ないだろう。

## 公明党支援をめぐる争いへのシンプルな回答

以上、戸田と池田の著作を中心に創価学会の政治参加の内的論理について考察してきた。

議論の過程で西山の論文に多くの修正を迫った。が、それは西山の研究の価値を低く見積もるがゆえではない。第3章の冒頭でも述べたように、1975年の時点であれだけの密度の論文を残した彼の功績は卓越したものだった。

本書が批判したいのは西山の論文ではなく、西山の論文が書かれた後、約40年もの間まともにアップデートされなかった宗教社会学界の集団的不作為にある。どんなに出来のいいアプリでも、40年間放置されたら使えない。更新を怠った運営会社はユーザーから批判されても文句はいえないだろう。

もちろん創価学会の政治参加をテーマとした研究は西山だけに代表されるものではないし、また、学会側もそうした調査に非協力的だったなどの事情もあるかもしれない。ただ、それにしても、だ。

筆者は創価学会員であり、当事者という資格で会の研究状況の不毛さを宗教研究者に訴えることもできた。大学院時代の専攻は理論社会学であり、このような分野外の問題について論文調の書き物をするなどと当時考えたことはなかった。が、人文系学部の削減が政策課題にあがる昨今の情勢のなかで、政権与党にある政党の主要支持団体である宗教団体のメンバー数すらまともに把握しない日本の宗教研究共同体を頼ることはできなかった。その意味で、本章が問いなおしたのは**宗教団体の社会的責任**ではない。**宗教研究の社会的責任**である。

ではひるがえって、本稿が創価学会員に対して訴えたいことはなかったか、といわれればもちろんそうではない。第3章の冒頭では、安保法制というイシューが議題にあがった時、学会員の間で「本当の池田先生の思想」をめぐって争いがあったことに触れた。第3章と第4章を経てきた私たちは、この争いに、シンプルで些細な回答をすることができるだろう。

まず公明党に反対するメンバーのように、牧口や戸田や池田は完全に正しいので現在の公明党は間違っていると批判することは正当ではない。第4章でみてきたように、自身の政治信条よりも公明党支援を優先すべきとの指導をしていた時期が池田にもある。また本稿ではひかえめに言及するにとどめたが、戦後に戸田が残した文章には、軍国主義と戦った反戦平和主義者として総括するには齟齬のある発言が数多く残されている。もちろんそれらは後に表むき撤回されたが、創価三代の無謬性を信じる彼らにとって、本章の議論は受けいれがたいものを多く含んでいるだろう。

しかしかといって公明党支援に抵抗するメンバーを批判する活動家たちのように、牧口・戸田・池田が完全に正しいがゆえに公明党もまたつねに正しいと擁護することももちろんできない。それは端的に事実と異なる。私たちの政治参加の歴史には決して小さくない瑕疵と呼びうるものがあるし、少なくとも歴史の一時期においてその間違いを認め、改めたことがある。

つまり私たちは、歴代会長は無謬なので現在の公明党は間違っているということも、歴代会長は無謬であるがゆえに現在の公明党もまた正しいと述べることもできない。戸田も池田もそれぞれに過つことのある人間であり、過つことのある人間たちがつくった創価学会や公明党という組織が歴史を越えて正しくあり続けるなどということはない（それは宗祖の日蓮さえできなかったことだ）。こうした事実を認めることから私たちははじめる必要があるのではないだろうか。

もっとシンプルに言いかえてもいい。私たちはかつて間違ったことがあるし、それを改めたことがある。これからも間違えることはありうるし、それを改めることもまた可能だろう。おそらく創価学会員ではない読み手にとって、この含意は取るに足らない、ただ当たり前のことを述べただけのものにみえるだろう。私もそう思う。私のこの本は、この取るに足らない一言を書くために書かれた。

**〈参考文献〉**

秋谷城永（1964）『創価学会の理念と実践』鳳書院。
池田大作（1961－1966）『会長講演集（第一－十三巻）』宗教法人創価学会。
――（1962－1966）『巻頭言・講義集（第一－四巻）』宗教法人創価学会。
――（1964）『政治と宗教』鳳書院。

――（１９６６）『日蓮大聖人御書十大部講義 第一巻 立正安国論講義』宗教法人創価学会。

――（１９７０－１９７７）『池田会長講演集（第一－七巻）』聖教新聞社。

――（１９７７）『日蓮大聖人御書五大部 第一巻 立正安国論講義』聖教新聞社。

池田大作監修・教学部編（１９６５）『折伏教典（第8版）』宗教法人創価学会。

池田大作・大森実（１９７３）『革命と生と死――大森実直撃インタビュー』講談社。

伊藤立教（２００４）「『折伏教典』考証」日蓮宗現代宗教研究所編『現代宗教研究』日蓮宗宗務院。

小口偉一編（１９５６）『宗教と信仰の心理学（新心理学講座　第四巻）』河出書房。

公明党史編纂委員会（２０１４）『大衆とともに－公明党50年の歩み－』公明党機関紙委員会。

聖教新聞社企画部編（２００２）『新会員の友のために（①－③）』聖教新聞社。

聖教新聞社教学解説部編（２００４－５）『やさしい教学 初級講座（上－下）』聖教新聞社。

創価学会教学部編（１９６８－９）『折伏教典（改訂30版、改訂38版）』宗教法人創価学会。

――（１９８５）『新版仏教哲学大辞典』聖教新聞社。

創価学会女子青年部（１９６６）『ＭＹ ＥＸＰＥＲＩＥＮＣＥ 私の体験Vol.２』私の体験刊行委員会。

――（１９６８）『ＭＹ ＥＸＰＥＲＩＥＮＣＥ 私の体験Vol.３関西・京都・兵庫版』私の体験刊行委員会。

創価学会男子青年部（１９６６）『革命児 第二巻』革命児刊行委員会。

塚田穂高（２０１５）「第4章　創価学会＝公明党――起点としての王仏冥合・国立戒壇建立」『宗教と政治の転轍点』花伝社。

寺田喜朗・塚田穂高・川又俊則・小島伸之編（2016）『近現代日本の宗教変動』ハーベスト社。

戸田城聖（1960a）『戸田城聖先生　巻頭言集』宗教法人創価学会。

―（1960b）『戸田城聖先生　論文集』宗教法人創価学会。

―（1961a）『戸田城聖先生　講演集（上）』宗教法人創価学会。

―（1961b）『戸田城聖先生　講演集（下）』宗教法人創価学会。

―（1963）『戸田城聖先生　質問会集』宗教法人創価学会。

戸田城聖監修・教学部編（1959）『折伏教典　校訂再版』宗教法人創価学会。

中野潤（2016）『創価学会・公明党の研究』岩波書店。

中野毅（2003）『戦後日本の宗教と政治』大明堂。

中野毅（2015）「戦後民主主義と創価学会の戒壇建立運動」西山茂編『本門戒壇論の展開』本化ネットワーク。

西山茂（2016）「第九章　戦後創価学会運動における『本門戒壇』論の変遷」『近現代日本の法華運動』春秋社。

ハーバーマス、ユルゲン他（2014）『公共圏に挑戦する宗教―ポスト世俗化時代における共棲のために』岩波書店。

松岡幹夫（2014）『平和をつくる宗教―日蓮仏法と創価学会』第三文明社。

松島淑・谷口卓三（1969）『公明党の歩み』公明党機関紙局。

妙悟空（１９５７）『人間革命』東京精文館。
薬師寺克行（２０１６）『公明党―創価学会と50年の軌跡』中央公論新社。
『大白蓮華』（１９４９年〜）。
『聖教新聞』（１９５１年〜）。
『公明』１９６２年10月号、第１号、公明政治連盟。

# 第5章

# 創価学会は成仏しました

## ——ポスト池田時代の公明党支援の論理

ここまで「創価学会と政治」というテーマのもと、様々な角度から戦後日本における創価学会を論じてきた。とくに第3章と第4章はその歴史篇にあたり、資料的にも文体的にもハードな内容になってしまったと思う。読んでいただけた方、ありがとうございます。

この第5章では、現在の創価学会と、与党化して以後の公明党支援を論じる。つまり1970年の言論問題までを論じた第4章からは、一気に30年ほどをショートカットすることになる。

じっさい、言論問題以後に公にされた創価学会の出版物は、組織的なコントロールのきわめて効いたものになっており、選挙活動を宗教的に意義づけるような表現（たとえば「選挙戦を戦い切ったので病気が治りました」といった体験談など）は、紙面からほぼ一掃されている。そのため創価学会の公明党支援の内実を知ろうとすると、いきおい脱会者たちの暴露話や、出所不明の「ある幹部によると」風のリーク記事に依拠しがちだ。

本書はこのような議論をさけるため、内部の会員にも同意してもらえる議論をめざし、できるだけ創価学会自身が公開した書籍を中心に考察をつづけてきた。第2章で『バリバリ君』や『あおぞら家族』などの本来は資料として採用されないような創価学会サブカルを論じたこと、さらには登場人物の背景にあるポスターなど、そこで「描かれたもの」ではなく「描かれなかったもの」に注目したことなどは、このあたりの事情による。

相互に独立した団体となり、選挙支援から宗教色が失われた（ようにみえる）からといって、創価学会の政治参加に注目する理由も失われたわけではもちろんない。新進党への合流と解党、その後の再結成を経たのちの１９９９年、自自公連立政権が誕生して以降の公明党は、政権与党の一角として日本の政治運営に関与するなど、むしろこれまで以上に無視できない存在となっている。

創価学会と政治をめぐる議論の締めくくりとして、本章では現在の公明党支援の論理を考察する。

池田大作は２０１０年5月13日の本部幹部会以降、表舞台から姿を消している。ポスト池田体制となって以降、そしてまた第二次安倍政権となって以降、創価学会と公明党の関係には、いまだ一般には知られていない変化がみられる。言論問題以降、平和主義路線を選択した創価学会にとって、集団的自衛権の（限定的な）容認や共謀罪／テロ等準備罪といった法案は、ほんらい同意しづらい政策であったとイメージされている。創価学会はいかなる論理のもとに「タカ派的」な政策を進める公明党の支援を継続できているのか。

本書ではあくまでも創価学会側が刊行した著作をおもな資料としつつ、ポスト池田体制の創価学会と公明党の今後について、できるかぎり会の内部と外部で共有できる認識を構築していきたい。最終章があつかうのは現在進行形のテーマであり、時事評論的な内容になることはご容赦願いたい。


現在の創価学会はいかなる論理によって公明党支援をしているか。このテーマを論じるにあたって中心となるのは、松岡幹夫と佐藤優である。政治学者の五野井郁夫は松岡のことを「創価学会の知的支柱」とまで述べており[39]、また安保法制が国会で論じられている渦中の『第三文明』誌上でも、創価学会側を代表する人物として佐藤優と対談し、公明党の態度を肯定する議論を展開している。

ただ、これはあらかじめ述べておかねばならないが、松岡の議論を知ったところで、今後の公明党がいかなる政策を行うかについては何ひとつわからない。公明党の個々の政策は日本の政治の関数なので、彼らの政策決定については、日本政治の専門研究者、または政治ジャーナリストの著作を読んでもらうことが一番である。

松岡らを読んでわかること、それは「公明党が今後いかなる政策を行うか」ではなく、

「公明党が行った政策をいかなる論理で創価学会が正当化するか」である。

彼らの議論を追うことで、現在の創価学会が公明党支援を信仰活動のなかでいかに位置づけているかを検討したい。またその作業は、公明党支援に賛同しない会員のことをいかに捉えているかも合わせて明らかにすることになるだろう。そこに前章までに論じてきた言論問題以前の池田の発言の、現代的なかたちでの継承、または回帰がみられることを示したいと思う。

## 「創価学会の知的支柱」としての松岡幹夫

松岡幹夫という論者の所属は、じつのところはっきりしない。創価大学を卒業したことや、一度日蓮正宗に僧侶として身を置いたあと、離脱して青年僧侶改革同盟に所属していたこと（つまり創価学会にとって「敵の敵」であったこと）など、全体として「創価学会側」の人物であることは明示されているものの、創価学会という集団のなかでどのような役職をもっているかは、会員のなかでさえあまり知られていない。

39　五野井郁夫のTwitter。https://twitter.com/gonoi/status/664058385034162178（本書執筆時現在）。

そうした人物が、佐藤優と対談し、また安保法制が成立したすぐ後に組まれた、雑誌『Journalism』２０１５年11月号の「特集：どうして？公明党、どうなる？自衛隊」にて、創価学会の組織的意図を代弁するようなものいいで公明党の活動を擁護する論陣を張っている（→後述）。おそらく会の外部にいる方にとっては理解に苦しむ言論状況ではないだろうか。

このあたりは会内部の判断に踏みこむ話になるので断定的ないい方はできないが、言論問題以後、創価学会側が（共産党や立憲民主党を罵倒する以外のテーマで）政治的な見解を述べることに慎重になっているという事情を理解する必要があるだろう。

すこし前までは教学部長が著作のなかで、自民党のことを「仏敵」レベルで批判していたこともあったが、近年、会長や広報室が発表する見解をのぞいては、正式な役職をもった人物が政治的な意味合いをもった主張を公にすることはほぼみられない。おそらくは会の公式見解であると受け止められることを嫌ってのものだろう。創価学会側のダメージ・コントロール技術が向上してきたと捉えることもできる。

もちろん、正式な役職をもっている人物が直接的な形で政治的立場を示さないことは、創価学会の公明党支援のあり方を考察することの不可能性を意味しない。ここまでの議論を通してみてきたように、創価学会が公明党支援を継続する以上、メンバーをモチベートするうえでなんらかのメッセージを出しつづけることは避けられない。

日々の会合のなかで地域の幹部から伝達される「打ち出し」や、『聖教新聞』や『大白蓮華』といった公式メディア、および第三文明社や潮出版社といった準公式メディアが公にする刊行物の全体を勘案すれば、その時点における組織側のメッセージを読みとくことや、すくなくともそれらメッセージを会員側がいかに受けとったかを知ることは困難ではないだろう。

というわけで松岡幹夫、および佐藤優の発言を中心に、現在の公明党支援の論理をまとめてみたい。論点は多岐にわたるが、ざっくりとまとめると以下の6つだ。①存在論的平和主義、②仏法優先原理、③創価学会仏、④宗教政党への回帰、⑤小説『人間革命』の改訂、⑥知恵の原理。それでは順を追って説明していこう。

## 存在論的平和主義とは何か

彼らはいかなる論理で集団的自衛権を容認する公明党を擁護したのか。ざっくりと説明すると、「公明党がいなければもっとひどい法案になっていた」というもの。これは巷でよく聞く「歯止め論」と同種のものといっていい。同時期の国会にはよりタカ派的なイメージのある維新の党なども議席をもっていたわけで、この説明自体に根拠がないわけではない。

ただ、松岡や佐藤の議論で注目すべきは、そうした消極的な意味合いだけでなく、創価学会員が政治に関わることや公明党が政権与党にいることそのものにポジティブな意義を見出している点にある。引用してみよう。

佐藤　創価学会の人たちと話をしていて感じるのは、皆さんが「戦争のできない体になっている」ということです（笑）。つまり、平和主義が体の芯にまでしみ渡っていて、さまざまな立場の学会員がどこでどんな行動をとっても、無意識のうちに平和の方向に進んでしまうようになっているのです。

松岡　そうですね。拙著『平和をつくる宗教』（第三文明社）に書きましたが、私は学会のそうしたありようを、「見えない反戦」「存在としての反戦」と名づけました。

なぜ学会員が無意識のうちに平和を広げていけるかといえば、そこには「感化の力」があるのだと思います。心から何かを信じている人は、周囲の人を感化する力――言い換えれば精神的な影響力を持っているのです。（佐藤、松岡

２０１５：13－14）

集団的自衛権という一見タカ派的な政策に賛成しても大丈夫な理由。それは創価学会員が「戦争のできない体」になっているからだ。そもそも戦争ができないのだから、戦争法だなんだと心配する方がおかしい。むしろ連立を離脱することなく政権にとどまることこそが本当の意味での「仏法者の平和主義アプローチ」といえる。なぜなら**創価学会員には周囲の人びとを平和にする「感化の力」があるからだ。**これをひとまず「**感化力仮説**」と呼んでおこう。

松岡がこの引用文のなかで述べている「見えない反戦」や「存在としての反戦」といった言葉も簡単に説明しておこう。

重要なのは、そもそも仏法者である松岡は、戦争を、資源や民族やイデオロギーをめぐる対立に起因するとは考えていないという点にある。戦争という悲劇がおこるのはそうした外的要因ではなく内的要因、つまり個人や集団が過去におこなってきた行為の集積＝カルマにある。

たとえば『平和をつくる宗教』のなかで、彼は「仏教は業と輪廻の世界観に立つ。過去世・現在世にわたって戦争に遭うカルマを蓄積してきた人は、どうしても戦禍に巻き込まれることが避けられない」（15ページ）と述べている。要するに、その人や国が戦争に巻き込まれるのは、その人や国が「**戦争カルマ**」をもっているからだと説明される（それでは中国が日本に攻め込まれたのは中国に侵略されるカルマがあったからだとか、朝鮮の従軍慰安婦が日本軍の被害にあったのは彼女らに従軍慰安婦になるカルマがあったせいだという話になってしまうのではないか、という疑問は置いておく）。

人が戦争をするのは人に戦争をするカルマがあるせいだと捉えることの利点は、創価学会の過去の会長の戦時中の行いを擁護できるという点にある。

本書では割愛したが、初代会長の牧口と第二代会長の戸田が戦時中に目立った反戦活動をおこなっていなかったことは、現在の宗教研究者からかなり問題視されている（日本の仏教者の戦争責任を論じた『禅と戦争』の著者であるブライアン・ヴィクトリアなどが有名だ）。牧口や戸田は戦時中に逮捕されたが、それは国家神道を拒否しただけ、つまり日蓮正宗の強信者だったというだけで、日本の軍国主義や戦争に反対したわけではないという議論である。

松岡の『平和をつくる宗教』という著作は、そうした批判から歴代会長を守ることに主眼がある。その論旨をざっくりと説明すると、①戦争の原因は「戦争カルマ」にある。②原因は「戦争カルマ」なので、兵役拒否や体制批判などの反戦活動は、平和のためには実際のところ貢献しない。③「戦争カルマ」を転換するには皆が日蓮仏法に帰依するしかない。④なので直接的な反戦活動をせず、天皇の日蓮仏法への帰依をめざした牧口（とそれに従った戸田）は正しい、というものだ。おそらくほとんどの人はわけがわからないと思う。説明する。

松岡がよく引用するのは、のちに創価学会理事長になる和泉覚が第二次大戦中、ニューギニアに出征した際に体験したエピソードである。和泉は出征中、日蓮の御本尊にひたすら平穏無事を祈りつづけたという。すると不思議なことに激戦地にあるにもかかわらず、戦死者一人見ることもなく、また自ら弾丸一発撃つこともなく帰国することができたという。このエピソードがなぜ創価学会の反戦思想にとって重要なのか。

理屈はこうである。一人の創価学会員が戦争カルマの運命を転換すれば、その人が所属する共同体の戦争カルマも軽減される。学会員の一兵士が戦闘に巻き込まれないならば、学会員の属する軍隊も戦禍を免れるかもしれない。それは敵軍が戦争行為を仕掛けないことを意味する。こうして一人の運命の転換をきっかけに戦場も、自国も、敵国も、最終的には人類全体が、戦争から解放される方向に進み出すわけである。（2014：45－46）

進み出さねーよ、というツッコミはひとまず我慢してほしい。おそらくほとんどの人は、たとえこの和泉のエピソードが事実であったからといって、それはその個人が誰も殺さなかったり殺されなかったりしただけであって、日本が戦争しなくなるとか、ましてや世界が平和になるとかとは関係がないのでは、という感想をもつだろう。本書でもそれは否定しない。

ただ、たとえ戦争を引き起こすとされる様々な外的要因がクリアされたからといって——イデオロギー対立がなくなったり、石油や水といった資源が平等に分配される制度ができたり、国連の制度改革がもっと進んだりしたところで——人々が争い続けることはなくならないのではないか、と問い返されたとき、多くの人は即座に否定できない感覚をもっているのではないかと思う。

すくなくとも冷戦が終わったにもかかわらず、テロや英国のEU離脱やポピュリズムの台頭など、一向に争いのなくならない昨今の情勢のなかで、かつてあったような平和へのポジティブなビジョンは失われたと多くの方が感じているのではなかろうか。そうしたなか、世界を平和にするには制度や仕組みを変えるだけでなく人々の心根を変えるしかないと信じる宗教者がいることは、すくなくとも信仰として許されてもいいのではないだろうか（というあたりで勘弁してほしい）。

以上のような、兵役拒否や反戦デモといった反体制的な活動よりも、明確な反戦活動はおこなわずとも人々の心根を着実に変えていく活動を、松岡は「**見えない反戦**」または「**教育的反戦**」と呼ぶ。創価学会風にいえば、反戦デモで宿命転換はできないのだ(40)。

勘のいい方ならすでに気づかれていると思うが、戦時中に明確な反戦活動をおこなわなかった牧口や戸田を擁護する松岡の議論は、ひるがえって、教育基本法の改正や集団的自衛権の容認といったタカ派的な政策にわかりやすい形で反対をしない現在の公明党を正当化するという、なかなかに効率のよいものになっている。「単なる体制迎合ではなく、体制を教育するために体制の側に立ち、国民や政治家の精神を変革せしめて漸進的に社会を改革し、最終的には国家、世界を恒久平和へと導いていく」（２０１４：１０６）。松岡にとってこれこそが日蓮の思想を引きつぐ仏法者のとるべき平和運動なのである。

大事なのは、あらゆる分野に学会員が存在すること。「学会員による平和の実践は立場を選ばない。善も悪もひっくるめて善化しようとする。学会員としては、与党の議員であ

40　ちなみに和泉のこの体験が語られた最も初期のものは、『大白蓮華』以前の会報である『価値創造』第５号（１９４６年10月１日発行）にみられるが、そこに一度も弾丸を打たなかったという記述はなく、本山の御本尊への祈願も「平穏無事」ではなく「武運長久」だったと記載されている。

っても、野党の関係者であっても、自衛隊員であっても、民間の平和運動家であっても、別に構わない。ただ自分たちの存在を通じて正しい仏法を顕現していけば、崩れぬ平和を実現できる。そういう信念なのだ」（2015：105）。これが松岡幹夫のいう**存在論的平和主義**である。

## 組織中心主義の復活としての仏法優先原理

創価学会員はその場に存在しているだけで周囲を平和にすることができるので、学会から選出された公明党議員が与党のなかにいることは一番の戦争への歯止めになる。こうした松岡・佐藤の主張は、学会員の選挙活動の現場でよく聞かれる「公明党がいるから大丈夫」といった言葉ととてもよく似ている。

実際、本章を執筆するにあたって、ここまで述べてきた松岡幹夫の存在論的平和主義を、20代半ばから60代の男性創価学会員10名ほどにプレゼンをしたが、その感想の多くは「現場でこういういい方はしないが、だいたいの考え方は同じ」というものだった。

もちろん「同じ学会員だから信頼できる」「公明党がいるから大丈夫」という論理は、創価学会員の支援理由のすべてではない。第2章でも論じたように、彼ら彼女らの選挙活動のわけは、実際いろいろである。松岡の存在論的平和主義という言葉がクローズアップされた背景に集団的自衛権の容認という重大な政局があったように、ほんらい賛同しづらいような政策の、その心理的ハードルを一歩飛び越える論理として、この「同志だから」論は持ち出されることが多い。

「同志だから」論によって公明党の支援が行われることの問題。これは世間的には、**政策内容とは異なった理由でこの国の政治が決定される**という点にあるだろう。安保法制にしろ、共謀罪／テロ等準備罪にしろ、その法案の具体的な中身についての必要性や適法性は重要視されることなく、けっきょくのところ「公明党がいるから大丈夫」との政策とは関係のない理由で支援がおこなわれる。

くわしくは後述するが、公明党という政党の議員と支持者の団結力はつよく、その支持行動が政策や政局に影響される度合いは、他党にくらべてきわめて少ない。つまりどのような政策に賛同しようとも一貫して一定数の票を獲得する集団がこの日本には存在するわけだ。

政策内容に関係なく一定数の票を獲得する集団がいること、そしてその集団がつねに政府与党に協力的であること（地方政治なら当該地域の多数派につねに協力的であること）は、この国の政策決定に少なからぬ歪みをもたらしているのではないか、と危惧すること自体には一定の根拠があるだろう。

また、「同志だから」論は世間的にだけでなく、組織内部的にも問題をはらんでいる。つまり、同志だから支援すべきだという論理を信仰活動の現場でつよく強調した場合、**公明党支援に賛同できない人物が、ほんらいは党の政策に賛同できないというだけの話であるはずにもかかわらず、「同志のことを信頼できない人物」という信仰的な逸脱者にカテゴライズされてしまうから**である。

同様のことは、選挙支援を「池田先生のために」という論理でおこなう際にも引き起こされるのは言うまでもない。第2章で引用したツイートにもあった、「公明党を支援できないというメンバーは弟子ではない」という発想は、この信仰心と選挙支援を同一視する発想にもとづいていると考えることもできる。

実際、佐藤優は先の対談のなかで、「安保法制の問題は、反対派が言うほど重大な問題ではないと私は思います。この程度のことで公明党・創価学会から離れていく人は、それだけの人ですよ。むしろ今は、『本当の味方かどうか?』を見極めるいい機会と言えるかもしれません」（佐藤、松岡２０１５：１６３）と述べている。つまり公明党の支援ができないメンバーは「本当の味方」ではないわけだ。

また、潮ＷＥＢに掲載されている漫才コンビ・ナイツとの対談でも、佐藤はこの問題に触れている。安保法制に池田の言葉をもって反対した会員の活動を、ナチス台頭時にイエス・キリストの名をかたってヒトラーの行為を正当化したキリスト教の流派と同一視しつつ、「宗教的分派活動」であると断じている(41)（創価学会員が組織から除名される際、一番よく聞く理由がこの「分派活動」である）。

重要なのは、佐藤優が語っている内容じたいではなく、それが『第三文明』や「潮ＷＥＢ」に掲載されていること、つまり安保法制に反対する会員を批判する発言を、この時期に、創価学会の準公式メディアが掲載している、という事実の方にある。つまり公明党に賛同できないメンバーは「本当の味方」ではないという主張に、組織的なお墨付きをふんわりと与えたわけである。

ただ、ほんらい学会員を批判する行為は「法華誹謗」といわれ、たとえ会内のメンバー同士の批判であっても（この場合は「同志誹謗」といわれる）最も許されない行為の一つとされている。なぜ公明党に賛同しないメンバーを批判することは、この法華誹謗や同志

41　「作家・佐藤氏×芸人・ナイツスペシャル対談『今を生きる幸福論～第７回 平和安全法制と公明党・創価学会』」http://www.usio-mg.co.jp/archives/1458（２０１７年11月１日閲覧）。

誹謗に当てはまらず、あまつさえ会の準公式メディアに堂々と掲載されてしまうのか。

この理由を教理的に説明したものに、松岡の**仏法優先原理**がある。松岡は2015年11月号の『Journalism』に載せた記事「なぜ安全保障法制に反対しないのか―創価学会・公明党の行動原理を解く」のなかで、デモや兵役拒否といった政治的な反戦運動をもう一度否定する。彼の説明はこうだ。

社会的、政治的な反戦も大事だが、仏法の前では相対化される。反戦平和の運動自体は尊くても、もし仏法の実践を妨げるようなら、かえって根源的な平和主義に背くと考える（2015：106）。

社会的、政治的な反戦運動は、宗教的反戦との関係において取捨選択される。反戦平和の運動は尊いが、創価学会の組織的団結を乱すようなら、最も大事な宗教的反戦の妨げとなりかねない（2015：107）。

松岡はこの文章の前後で反安保法制の活動をおこなった会内メンバーに直接言及したわけではない。が、上記の言葉がそうした公明党に賛同しない会員に向けられたものであることは明白であろう（そうでなければ、「組織的団結を乱す」という表現の意味が通らない）。

創価学会員が存在するだけでその周囲が平和になるのなら、デモの現場にいることも共産党のなかにいることもひとしく歓迎されるべきではないか、という疑問はあってしかるべきだが、ひとまず置いておこう。**最優先されるのは創価学会の「組織的団結」を守ること**であって、会の決定に同意しないものは組織に「背くもの」であり「妨げ」になるわけだ。

気になるのは、そうした「組織的団結」を重視する自らの議論に「仏法優先原理」というネーミングをしている点にある。創価学会にとって「仏法」とは、広くとらえれば仏の教え、狭くとらえれば日蓮の教えを指す。つまりざっくり説明すると「世の中の正しいルールや法則一般」を意味するわけで、べつに組織の決定に占有されるようなものではなかった（学会員ではない個人の生命にもひとしく内在していると説明されることもある。）

**「仏法」を「組織の団結」と同一視し、組織の決定に同意できないメンバーは仏法に違背するという教義を唱えること。**これは、第４章の議論を経てきた私たちにとって、どこか既視感のある言葉ではないだろうか。そう、ここで松岡や佐藤が唱えている主張は、かつて池田が唱えた教義である、選挙で疑問をおこすのは信心の弱い人、選挙のために団結しないことは謗法といった、組織中心主義の時代のそれに限りなく近い。

もちろん現在の公明党支援は、池田大作という信仰上の指導者が、信仰上の言葉でもって選挙活動を直接指揮した時代とは異なる。

第4章でふれたように、「今後の政治に対する基本的見解」を発表した1994年以降、どの政党を支持するかについては、選挙のたびごとに開かれる各社会協議会において決定されることになっている。「池田先生は安保法制を支持している」、または「公明党支援は大聖人の御遺命である」といった言葉がおもて立って語られることはない。つまり公明党支援は信仰心をもって会員に強制されることは（おもて向きには）ないわけだ。

創価学会や公明党の活動に批判的な人たちにとっては「宗教団体のくせに官僚主義的だ」と文句もいいたくなるかもしれないが、戦後60年以上も活動をつづける現在の創価学会のコンプライアンスはおもて向き確かだ。あくまでも形式的には、信仰者の集まりである宗教団体が、あらかじめ開示されたルールに則って、公明党という政党の支援を組織として決定しているだけである。

ただ、この**「組織の決定」という行為または事実自体に宗教的な意味合いをもたせる動きがある**、としたらどうだろう。ほんとにあるの、とお思いの皆さん。あるんです。それが最近クローズアップされた教義「創価学会仏」である。

## 創価学会は成仏しました

創価学会仏、と聞いてもほとんどの方はよくわからないだろう。信濃町の会館付近で売っているお土産の木彫り人形かな、と思われる方もいるかもしれないが、もちろんそんなものはない（正座してお祈りするポーズがかわいい「唱題くまさん」人形ならある）。

創価学会仏という言葉は、２０１６年11月５日付『聖教新聞』にて発表された、改正された創価学会会則のなかに出てきた言葉である。

その日の新聞では、戸田がかつて言ったとされる「大聖人に直結した広宣流布遂行の和合僧団である創価学会は、それ自体、仏そのものであり、未来の経典には『創価学会仏』の名が記されるであろう」という言葉が紹介されている。現在の世界のなかで日蓮の教えを広めている団体は創価学会しかない。よって「創価学会それ自体が『仏の存在』である」。この創価学会仏という教義は「宗教的独自性を明確に宣言したもの」であるとされ、その趣旨が会則に記載されることになった。簡単にいえば、創価学会は成仏したわけだ。

一般に「仏」とは、仏道修行をすることで悟りを得た個人がイメージされるわけで、なんらかの集団が組織として仏になるといわれても戸惑う方が大半だと思う。人々のあつまりそれ自体を仏という言葉で表すことは仏教研究や日蓮教学からみて正しいのか、という教義としての正当性の問題については本書では扱わない。ここでは突如登場したかにみえるこの教義が、創価学会と政治というテーマのなかでもつ機能を明らかにすることに焦点を絞る。

まず指摘するべきは、戸田自身の著作のなかにこの「創価学会仏」という言葉は見当たらないという事実であろう。公明党の結党の際にその根拠の一つとなった、「時きたらば衆院選へも出よ」という戸田の言葉も、じつのところ見つかっていない（同様のことは雑誌『宗教問題』の記事「突如現れた『創価学会仏』とは本当に根拠ある仏教語なのか」のなかで、宗教研究者の東佑介も述べている）。

「何かしらの路線転換をおこなうときに誰も聞いたことがない故人の言葉をもちだしてくること」を私は**遺言マネジメント**と呼んでいるが、ポスト池田体制となったときにこれを多用すると、何を決定しても「じつはかつて池田先生がそうしろといっていた」で説明されてしまうことになる。

それ以上に気がかりなのは、この創価学会仏という言葉の初出が、1962年8月の池田の生死一大事血脈抄講義であることにある。

第4章でも触れたが、この時期は組織中心主義の台頭期にある。つまり国立戒壇という宗教目的に直結する活動としてではなく、公明政治連盟という政治集団を支援することを求められる段階にいたってはじめて唱えられた教義であるということだ。（選挙のために）団結しないことは謗法です発言も、65年7月の参院選の1月半前におこなわれた生死一大事血脈抄講義中のものであった点もつけくわえておこう。

つまりこの日蓮の文章に言及されるのは、個人の政治信条は置いておいて、何をさておいても組織の決定に従うべきというメッセージを発する差し迫った必要があるときという共通点があるわけだ(42)。

考えるべきは、この「創価学会仏」という教義をなぜいま会則にくわえる必要があったのか、である。これは組織の意図に踏みこむ議論になるので断定はしないが、ここまで考察をつづけてきた責任として、ひとつの仮説をあげておく。それは「**これまで創価学会の信仰活動の中心にあった師弟不二論の不備を補うためである**」というものだ。たぶん会内メンバー以外にはピンとこないと思う。説明する。

近年の創価学会という信仰の中心には「**師弟不二**」という教義がある（もしくはあった）。聖教新聞社が出している『新版・仏教哲学大辞典』の「師弟不二」の項目によると「師弟と弟子の関係は二であってしかも二ではなく（而二不二）、その本性は一体であること。真実の師弟の関係をいう」（798ページ）とあるが、たぶんわけがわからないと思われる。

ざっくり説明すると、人生の師匠である池田と心を合わせていけばすべてがうまくいくし、心を合わせていないならすべてがうまくいかないという発想または心掛けといえる。心を合わせることを「先生と呼吸を合わせる」といい、心を合わせずに無駄な努力を重ねていることを「我見に走る」という。自分のもっている能力を過信して、池田の教えを学ぶことを忘れていると失敗がつづき、謙虚に指導に従うことで問題が解決する（これを「境涯が開ける」という）。こうしたストーリーは『大白蓮華』などに掲載される体験談のひとつのテンプレートとなっている。

もともと師弟不二という言葉は師弟相対という教義の一項目という扱いであった、その意味内容も信仰上の心がけというよりは「師匠と弟子はいっしょに生まれる」といった輪廻転生のタイミングに関するものだった[43]、等のもろもろはこの際すべて省略しよう。

重要なのは、この師弟不二という教義が「**池田大作と会員の一対一の関係**」と捉えられていたという点にある。活動の現場では「自分と先生との間に（ほかの幹部を）誰も入れるな」と指導されることが多い。来歴は様々あるので断定はできないが、「池田大作との

42　念のために、62年8月の講義の該当部分を引用しておこう。この講義で池田は、有名な「日蓮が弟子檀那等・自他彼此の心なく水魚の思を成して異体同心にして南無妙法蓮華経と唱え奉る処を生死一大事の血脈とは云うなり」という文言を引用し、次のように解釈している。

　現代でいえば、御本尊を根本とした創価学会です。創価学会は和合僧です。創価学会は組織です。創価学会という、その生命体にはいって、仏道修行することは、生死一大事の血脈になるのです。それが厳然たる御文なのです。学会を離れれば、功徳がないといってもいいし、それから地獄に落ちる場合もあります。この御文によるのです。

　それから、戸田先生は、『創価学会仏、創価学会仏』ということを、ちょっとおもらしになったことがあります。この和合教団は、創価学会仏として、その生命体なのです。それからはずれていくのですから、仏道修行にはなりません（池田大作『会長講演集第八巻』：２９９－３００）。

43　日蓮の文章中にある「異体同心」という教義はいまの学会活動のなかでもたびたび言及される言葉である。ただここでいう「同心」、つまり心を同じくする対象を、日蓮の教えという「法」にするか、日蓮の教えを体現したとされる「組織」とするかについては、教学好きの会員の間でも議論されることがある。戸田の生死一大事血脈抄講義と読み比べてみるとよくわかるが、戸田の重点は「法」に、70年以前の池田の重点は「組織」にある。これは両者のパーソナリティのちがいというよりも、組織活動の発展のなかで対応すべき課題がそれぞれ異なっていたためと捉えることも可能だろう。

１９６７年刊行の『仏教哲学大辞典第三巻』では「師弟相対」を説明するための項目の４つ目に「師弟不二」が挙げられている。（３６２－３６４ページ）。

特別なつながり」を強調することでメンバーの信仰心を悪用しようとした幹部が多数いたことがその理由としてよく語られる。

とくに日蓮正宗との抗争のなかで池田が第三代会長を辞任させられたという事件以降（これは近年まで「当時の最高幹部陣が池田先生を守れなかったエピソード」とされていた）、大幹部といえども結局のところ凡夫であり、本当に信頼し尊敬できる指導者は池田ただ一人であるという語りが『聖教新聞』や『大白蓮華』の特集記事等で積み重ねられていくこととなった。

師弟不二とは、師匠と弟子の一対一の関係を理想とする思想である。こうした考え方は「池田教」であるとして揶揄の対象ともなるが、小説『人間革命』の連載が開始された1965年以降、会員のあいだに広く共有され、長く会員の信仰活動をささえる中心的なイデオロギーでありつづけた。

それがいまになってなぜ修正される必要があるのか。それは一言でいえば、**一対一の関係を理想とする師弟不二論では、理念上、一般会員と組織のリーダーである現会長の信仰心が「池田大作との距離」という点でフラットになってしまい、「これこそが池田先生の本当の思想である」という主張を掲げたメンバーが現れた際、そのメンバーの主張を否定する根拠が原理的には組織側に与えられていない**という点にある。つまり池田があまりに隔絶した指導者であるとされたために、池田からみた場合、会員も現会長も理事長などの大幹部も「ただの一弟子」にしかならないというわけだ。

池田が存命の間は「なにか問題があれば池田先生が指導されているはず」との信頼のもとに本部の決定は会員によっておおむね信任されてきたが、池田が表舞台に現れることのなくなった2010年以降、そうした信任を担保するものを失いつつある。つまりポスト池田体制となった現在の創価学会にとって、「この決定は本当に仏法的に正しいものなのか」という疑念に対処することが切実な組織課題となっているわけだ。

おそらくほとんどの方には勘づかれているかと思うが、「創価学会仏」という教義がこの時期に打ち出された理由をここにみるのが本章の仮説である。**つまり創価学会はなぜ正しいのかという質問に、それは創価学会が仏であるからだと回答するわけだ。**

組織の決定は仏の意思なのだから、組織の決定を疑う者は仏を謗るものとなる。組織のガバナンスを強化するために、組織の決定または組織それ自体に聖性を付与するというロジックであるともいえよう。

こうして公明党の支援という組織の決定に同意できないメンバーは、仏の意思に反するものとなる。まさに佐藤優のいうように「本当の味方」ではなくなるわけだ。

## もう一度、宗教政党へ

「創価学会仏」論と合わせて気になるのは、公明党の党としての自己認識をめぐる近年の動向である。

第4章でも触れたが、言論問題をうけて開催された70年6月の第8回公明党大会、公明党は新しい綱領を採択し、かつての綱領に掲げられた「王仏冥合」や「仏法民主主義」といった宗教性をおびた文言を削除した。創価学会の宗教的目標を達成するための「宗教政党」であるという批判への回答として、党の性格を「国民政党」であると位置づけなおした。公明党は「ふつうの」政党になったわけだ。

ただここにきて、自分たちの宗教的出自をもう一度強調する動きが、党側と創価学会側の双方から出てきた。

公明党側の動きとして挙げられるのは、2014年11月に刊行された、公明党機関紙委員会による『公明党50年の歩み』の出版だろう。著者は公明党史編纂委員会となっており、タイトルどおり、これまでの公明党の来歴を党みずから記した書籍となっている。

注目されるべきは、**同書のグラビアの2ページ目にいきなり池田の写真を使用している点**にある（1ページ目は秋田杉の年輪の写真）。キャプションには「池田大作公明党創立

芝城太郎『劇画・大衆とともに―公明党の理念と実践 第4巻』：6ページ

者（創価学会会長＝当時）」とある。また、巻末の年表でも、1954年11月22日の「創価学会に『文化部』設置」から記述がスタートしている点も注目されよう。公明党という政党が創価学会という宗教団体に出自があることを明確にしているわけだ。

また、現党首である山口那津男も佐藤優と対談『いま公明党が考えていること』（潮出版社）を出版しているが、そのなかで、創価学会員として活動した自らの高校時代の信仰体験を、いくぶん控えめではあるが感動をもって語っている。

こうした公明党史の書き方や党首

の発言について、かの党が創価学会から誕生したことは誰でも知っているのだから当たり前じゃないかと思われる方もいるかもしれないが、そうではない(44)。

たとえば、言論問題以後に党が出版した著作のなかに、『大衆とともに』という劇画がある。そのなかで「公明党15年の歩み―人間主義の旗を高く掲げて」と題された回(第4巻所収、1980年刊)と、「公明党20年の歩み」との副題のもとに一つの巻がまるごと党の来歴の紹介になっている第6巻(1984年刊)がある。227、230ページに挙げたのは、そのなかで描かれた結成大会の様子だ。どちらの結党宣言も「日本の政界を根本的に浄化し」から引用が開始されているのがみてとれると思う。が、この前段は「公明党は、王仏冥合、仏法民主主義を基本理念として」である(45)。党のスタートを描いた回であるにもかかわらず、わざわざ基本理念への言及を避けているわけだ。

また、両回ともにこのあとのページで「大衆とともに語り、大衆とともに戦い、大衆のなかに死んでいく」という公明政治連盟結成の際に池田から送られた指針を明記しているが、どちらもそれが池田からのものであることには一切触れられていない。

つまり**池田や日蓮や仏法といった宗教色のついた文言、創価学会を連想させるフレーズは徹底的に排除されている**ことになる。言論問題以後の公明党が、いかにそのあたりにセンシティブになっていたかがわかるだろう。

創価学会側の動きとしては、前述の佐藤優と松岡幹夫の対談だ。佐藤はこの対談のなかで、宗教政党は国際的には珍しいものではないとしつつ、「もっと堂々と、公明党が池田大作氏によって創立されたこと、日蓮仏法を根底に据えた政党であることを、公に表明し

44　実際、1969年に出た公明党機関紙局発行の『公明党の歩み』では創価学会という出自を隠していないが、こちらは言論問題以前の刊行物である。

45　念のために結党宣言を全文引用しておこう。
「結党宣言
今や混沌たる世界情勢は、一段と緊迫の度を加えるにいたった。一方、国内情勢は依然として低迷をつづけ、国民不在の無責任政治がくりかえされている。このままに放置せんか、日本は激しい東西対立の犠牲となることを、深く憂うるものである。

日本出世の大聖哲、日蓮大聖人、立正安国論にいわく『所詮天下泰平国土安穏は君臣の楽う所土民の思う所なり、夫れ国は法に依って昌え法は人に因って貴し』と。

この仏法の絶対平和思想、即ち、王仏冥合の大理念のみが、世界を戦争の恐怖から救いうる唯一の道なりと、われわれは強く確信する。

ここにわれわれは、公明党の結党を内外に宣言するものである。

公明党は、王仏冥合、仏法民主主義を基本理念として、日本の政界を根本的に浄化し、議会制民主政治の基礎を確立し、深く大衆に根をおろして、大衆福祉の実現をはかるものである。

しこうして、ひろく世界民族主義の立ち場から、世界に恒久的平和機構を確立することを、最大の目標として、勇敢にたたかうことを、国民の前に堅く誓うものである。

右、宣言する。」（松島淑、谷口卓三『公明党の歩み』公明党機関紙局：1969年：206）。

影山光男『劇画・大衆とともに―公明党20年の歩み 第6巻』：8ページ

ていくべきだと思います」（佐藤、松岡２０１５：90）と述べている。また松岡も前述の記事のなかで、「公明党は宗教政党か、国民政党か。真実はどちらでもある」（２０１５：１０８）と述べている。つまり公明党という政党の性格を「国民政党」から「宗教政党」へと移行させる動きが、党側と創価学会側、双方から出てきたことになる。

　念のためにいっておけば、公明党が創価学会から誕生したことを公言することは、対外的には全く問題がない。世間的にも会員的にも創価学会員の熱心な支持のもとに公明党という政党があることは明らかであり、それを隠すことの方がむしろ不誠実であるといえるだろう。

問題は、宗教政党へと回帰しつつある現在の公明党の動きが、信仰活動の現場で会内部のメンバーに与える影響の方にある。つまり「公明党は池田先生がお作りになった政党だ」や「公明の議員さんたちは日蓮仏法の思想を保って活動している」という言葉が座談会等で使われることで、学会員の政党支持の自由（という建て前）を損ない、公明党支援を実質的に強制する方向にはたらくのではないか、ということだ。

こうした危惧を強めるものとして、２０１６年８月に聖教新聞社より刊行された、新入会員向けの読み物である『新会員の友のために』を挙げておこう。じつはこの本の第３章「新会員の質問に答える」のなかに、**「なぜ政治に関わるのか」**という項目が出てくるのだ。

当該項目を要約すると、立正安国論に言及しつつ、国民の生活を守る政治家に「深い人生哲学」を求め、組織外部からの政教一致批判を「的外れ」といいつつ、「学会の支援活動の歴史」をほこる、という内容になっている（97－99ページ）。

もちろん「公明党」という文字が一度も出てこないあたりは見事だが、１９８０年刊行の『改訂版創価学会入門』以降、創価学会の新入会員向け書籍のなかで、ここまで直接的に政治参加を肯定した記述はほぼみあたらない[46]。**創価学会に入会するということは、公明**

**党の支持者になることである**、という規範を公式に認める方向になりつつあるのかもしれない。

## 小説『人間革命』の改訂が意味するもの

ここまで「創価学会仏」論と宗教政党論に触れることで、近年の創価学会にみられる組織中心主義の復活の兆しをみてきた。世間のルールよりも組織内の論理を優先させたとき、創価学会が、やがて言論問題という破局へと突き進んだことを私たちはすでに知っている。かの事件は創価学会にとって強い痛みをともなう経験でもあったが、よりよい未来を選ぶための基準点ともなりうる歴史であったことは第4章で触れたとおりだ。

ただ、近年の創価学会の動きには、自らの歴史に基準点としての機能を喪失させてしまうものがある。そう、過去の歴史自体を「改訂」してしまうのである。

これは具体的には**言論問題の再評価**という形ですでに着手されているが、この点については紙幅の関係で省略する。[47] 同程度に重要なものとして、小説『人間革命』の改訂問題を本章では取りあげよう。

会員以外にはほとんど知られていないが、池田の小説『人間革命』は、いま第二版に改訂されている。どういった記述が改訂されたのか、なぜ改訂されたのか、そもそも『人間革命』とは創価学会という信仰にとって何なのかなど、考察すべき課題は多いが、本章ではこの小説の改訂という行為が、創価学会の政治参加にとってもちうる意味を明らかにすることに議論を限定する。

佐藤優はこの改訂問題について「時代の変遷によって現在の会員の誤解を招きかねない記述があるなら、改訂するのは当然です」（２０１５：13）と述べている。「生きた宗教」は時代の変遷に合わせて変化していかなければならないというのがその理由である。誤解を招きかねない記述があるのなら巻末に補注なり解説なりを加えればいいだけであ

46　現在、筆者の手元には１９７０年刊行の『創価学会入門』３種（初版時の著者は原島嵩・飛田敏彦共編、のちに創価学会教学部編へと変更）、１９７３年刊行の『創価学会を知るために』、１９８０年刊行の『改訂版創価学会入門』、１９９４年刊行の『新訂版創価学会入門』、２００２年刊行の『新会員の友のために①②③』（①は２００４年に改定。２０１６年の同名書籍とは別物）などがある。『折伏教典』以外の書籍の研究上の蓄積はないに等しいが、創価学会の信仰内容の変遷を知るうえで「創価学会入門本の考証」は重要なテーマであろう。

47　ちなみに佐藤と松岡は言論問題についても一章をさいて対談しているが、その章「『言論問題』再考」の目次部分は以下のようになっている。「『過度の政教分離』を見直すべき時期／『言論妨害』ではなく、『要望』にすぎなかった／『言論の暴力』の被害者は創価学会／一度『戦術的退却』をし、二度目に勝利する」（２０１５：目次）。

って、本文まで変更するのは、『人間革命』という書籍の創価学会における重要性を考えると問題が大きいのではないか、という疑問はひとまず置いておく。ここで注目されるのは、松岡幹夫が『日蓮仏法と池田大作の思想』のなかで論じた、日蓮が残した文書の真偽をめぐる議論である。

日蓮研究にある程度くわしい人にとっては自明な話であるが、創価学会が教義に採用している日蓮文書には、文献学的に後世の偽作であることが明らかなもの（または偽作の可能性が高いもの）がいくつかある。そうしたことから、文献学的に偽作の疑いがかけられている日蓮の文書（『御義口伝』や『百六箇抄』など）も重視している池田の思想は、日蓮仏法の思想として正統なものとはいえないのではないかという批判がなされているという。

注目されるべきは、いかなる論理で松岡がこの疑義に対処したかである。ひとまず引用してみよう。

遠い過去に作成された文書の真偽を百パーセント明らかにすることなど、SFの世界にでもいない限り、絶対に不可能である。ゆえに、ある史料をある人物の作品とする見解は、そこに一定の道理が認められるならば、文献学的な見解がどうであれ、一つの立場として尊重されねばならないと思う（２０１０：65）。

１００％偽作であるとは断言できないので採用しても問題ない。これは飯田泰之の『ダメな議論』で紹介された「虚無論法」のお手本のような文章である。学問という営みは、そうした不確かな現実を考察し、様々な角度から検討を加えることで情報の確かさ（または確からしさ）を高めていく共同作業が基本であると考えられるはずだが、松岡にとって日蓮思想はそうした学問の実践とは相いれないものと認識されている。

「仏教は一切の現象に固定的な実体がないとするのだから、日蓮の諸言説を歴史的な特定の時間と空間に限定する議論自体が、仏教的な本質論に照らせば決定的な意味を持たない」（２０１０：66）。そして「筆者は思う。仏教の超理性を学問的な理性が一方的に裁断することに、いったいどれほどの意義があるのか、と」（２０１０：67）。

いろいろツッコミはあると思うが我慢してほしい。松岡がここでおこなっているのは学問や文献学を批判しているというよりは、日蓮仏法の偉大さを称賛しているだけ、つまりは自らの信仰へのコミットメントを表明しているにすぎない。

本章にとって重要なのは、偽作とされる日蓮の文章を採用しても問題がないと松岡が説明したその理由にある。松岡によると、後年に加えられた「後加文」の作者たちに偽作の意図はなかったとする。どういうことか。

件の後加文の作者たちも、信仰を通じて日蓮と自分自身との二而不二を確信していたのならば、師弟は不二なりとの自覚に立って師説を補おうとした可能性の方が高いであろう。師弟不二に徹するところ、弟子の説はすなわち師説であり、弟子の筆はすなわち聖筆に他ならない（２０１０：66）。

ざっくりとまとめれば、池田が重視している御書のいくつかは日蓮本人は書いていないかもしれないが、日蓮の「師弟不二」の弟子が書いたものなので日蓮思想として扱っても問題ないという理屈である。本人が書いてないものを教義に採用しても問題ないというだけでなく、ある一定の条件が整うならば、本人が書いてないものを本人が書いたものとみなすことも正しいと述べているわけだ。

**師弟不二の弟子の書いた文章は師匠が書いた文章になる**、ひとまずこれを「弟子の聖筆論」と呼んでおこう。この理屈が問題なのは、池田没後の池田および歴代会長の著作全般の取りあつかいに関わってくるからである。つまり**今後の政治参加の進展のなかで不都合になった歴代会長の文章が**、**そのつど「師弟不二の弟子」の手で「改訂」されてしまうの**

**ではないか、**ということだ[48]。

さすがにそれは悲観的すぎやしないかと思われるかもしれないが（私も思うが）、こうした危惧を裏づける事実をひとつだけ挙げておく。

本書ではほとんど触れなかったが、小説『人間革命』には2種類ある。池田が法悟空名義で書いたものと、戸田が妙悟空名義で書いたものだ。戸田の『人間革命』は主人公が獄中で真実の仏法を悟る場面で終わるが、池田のそれは悟った主人公が監獄から出てくる場面にはじまる。また、戸田の『人間革命』は妙悟空名義で執筆されているが、池田のペンネームである法悟空はこれに因んだもの（妙→法）である。

同名の小説に、対になるペンネーム。つまり『人間革命』という小説の執筆は、創価の「師弟継承」という物語を、内容的にも行為遂行的にもイメージさせるものとなっている。

そしてじつはこの戸田版『人間革命』がすでに大幅に改訂されているのだ。

戸田の『人間革命』にはいくつかのバージョンがあるが、戸田の生前に刊行したものと

48　石井いさみが作画を担当した『劇画人間革命』では、のちに退転する幹部ははじめから悪そうな顔で登場する。

しては1957年発行の東京精文館版が最後になる。[49] 小説の舞台は第二次大戦中だ。主人公は戸田をモデルにした巌九十翁で、初代会長の牧口は牧田先生の名前で登場している。実際の歴史と同様に、牧田＝牧口は、神道を中心にした軍部主導の宗教政策に反対する。日蓮仏法による「国家諫暁」を、本山である日蓮正宗の内務部長に突きつける。そうした中、主人公である巌さん＝戸田は、戦況の厳しくなるなか、「日本の現状を打開するため」に創価学会の当時の幹部を集めて 次のような決意を述べる。

明治時代にあった日清戦争や、日露戦争では、日本の背骨に一本の筋が貫いていたように思うが、日支事変もそうだったが、大東亜戦争でも、日本の国内はバラバラになっている。その根源は、どこにあるかといえば、宗教界にある。宗教界が混乱に混乱を重ねていては、人に真の和がなく、真の和がなくては、いくら総力戦を叫んでも力は涌いてこない。牧田先生が国家諫暁を思い立たれた理由も、そこにある！諸君、恩師牧田先生の悲願をわれわれのものとして、日蓮正宗の信心に対する半信半疑を捨てて、宗教の力でこそ、この戦争に打ち勝てる。国も救い、民衆も救える……という大信念をもって、一大折伏戦に入ろうではないか！日本の癌になる対支問題の解決には、われわれが支那大陸の地下工作にまで乗り出そうではないか！勿論、巌の全財産は、この運動に提供する！（妙悟空：３８６－３８７）。

現在の創価学会にとって戸田は反戦平和の人とされ、彼の原水爆禁止宣言は創価学会の平和運動の原点とされている。そうした人物が書いた小説にしては、かなり物々しい印象をもたれた方が大半ではないだろうか。

ただ、戸田自身の国家観や戦争観は重要なテーマだが、本書ではこれ以上触れない。本書にとって重要なのは、引用部にある後半、「**日本の癌になる対支問題の解決には～**」**以下の文章が、現在の聖教文庫版では丸ごと削除されている**という事実にある。

これらの改訂行為が正しいか間違っているかについての判断はしない。ただ次のことはいえるであろう。いつかの未来において『人間革命』は会のメンバーの知らない物語に改訂されてしまうわけではない。（筆者を含む）メンバーはすでに『人間革命』が改訂された未来を生きているのである。

49　ほかの学会発行の書籍と同じように、戸田の『人間革命』も刊行時期や刊行版元ごとに内容に大きな違いがある。これは古参の会員からの教授によって知ったが、聖教新聞初出時の主人公は和泉貞三という人物であり、巌九十翁ではない。単行本化されるに際して、はじめから巌が主人公のものに変更された。

## ポスト池田時代の公明党支援の論理

ここまで佐藤と松岡の議論を中心に、創価学会の政治参加をめぐる近年の注目される動きをみてきた。

創価学会の意思はすなわち仏の意思であり（＝創価学会仏）、学会員は存在するだけで周囲を平和にすることができるわけで（＝存在論的平和主義）、公明党は池田先生によってつくられた日蓮仏法をもとにした政党であるのだから（＝宗教政党への回帰）、そうした同志を信用できないメンバーは本当の味方ではなく（＝仏法優先原理）、もし組織の決定と三代会長の著作の内容が異なるのであれば真実の弟子が時代に合わせて文章自体を変更することができる（＝弟子の聖筆論）。こうまとめてみると、なかなかにエキセントリックなものになってしまったように思う。

読み手の方はすでにもうお腹いっぱいかもしれないが、最後にひとつだけ、公明党の政策に関する松岡の議論を紹介したい。ここまでみてきたように、松岡は公明党が日蓮仏法をもとにした政党であることを強調する。このようなことから慈悲的ななにかに由来する福祉政策を重視した政治を公明党に要請しているのではないかと想像されるかもしれないが、そうではない。松岡の議論は、日蓮仏法を公明党の政策に反映させるというベクトルではなく、公明党が現実に行った政策を日蓮仏法の文言を使って擁護するという方向で一貫している。

たとえば前述の『Journalism』記事のなかで、安保法案を通した公明党に対する、日和見主義や、コウモリ体質といった揶揄に、松岡は反論する。彼によると、公明党にとって重要なのはイデオロギーではない。釈迦が悟りを得るために執着から離れることを説いたように、仏法の平和主義に根ざした公明党は、脱イデオロギー的に、どんな立場であっても平和をつくりだそうとする、という（2015：110－111）。

彼がここで持ちだすのは公明党の行動原理としての「**知恵**」である。この「知恵」について、彼の『平和をつくる宗教』からいくつか引用してみよう（同書では「知恵」ではなく「智慧」の文字が使われている）。

仏の智慧は一切に執着しないから、無限に自由自在である。また、一切に執着しなければ何ものとも対立せず、すべてを生かす道徳的な働きになっていく。智慧は自由自在でありながら、極めて道徳的でもある。…創価学会が唱える平和主義は、この智慧の倫理から生じている（2014：244）。

おそらく説明が必要だろう。松岡の議論のわかりづらさは、彼の話のほとんどが宗教的な護教論である点にある。

多くの議論は、なにかしらの正しいとされるルールや基準を定めたあと、現実の対象がそのルールや基準に則っているかを判定するという演繹的なものか、または、個々の現実の対象を集めたり比べたりすることで、なにかしら一般化できる正しさや適切さの基準を導きだすという帰納的なものに分類される。

が、松岡にとって「日蓮仏法が正しいこと」も「創価学会や公明党が正しいこと」も、すでに前提である。つまり基準（日蓮仏法）と対象（創価学会と公明党）がつねに一体である時点から論証がはじめる。基準の正しさや、その基準が対象と一致していることに疑問をもつものは、彼の議論に入りこむことができない。

上記の「仏の智慧は一切に執着しないから、無限に自由自在である」という言葉は創価学会にむけられたものだが、同様のことは公明党にも等しく当てはまると『Journalism』の記事ではされている。奇妙なのは、同記事のなかで「公明党の政治行動に内在する知恵の原理を、一般の言論人はもとより当の公明党関係者もはっきりと自覚できていない」（２０１５：１１０）と述べている点にあろう。

つまり松岡が公明党の行動原理として提唱している「知恵の原理」は、**現実の公明党議**

**員や党職員の自覚とは無関係に妥当する法則**として説明されているわけだ。

いかがだろうか。公明党は自民党の「歯止め」というくらいなのだから、公明党をささえる行動原理に、武力行使への防波堤となるような基準やルールがあってほしいと一般には期待されていると思われる。が、「**無限に自由自在**」といわれてしまうと、それ「歯止め」にならないんじゃないかと不安になる方が大半だろう。はっきりいえば本章の危惧もそこにある。

松岡は『平和をつくる宗教』のなかで、あくまでも一時的な対応という限定付きで「自在な智慧を奉ずる平和主義では『武力による平和』の方策ですら認める可能性があろう」（２０１４：２４９）と述べているからだ。

> 人間主義的な反戦は、いかなる戦争の正当化も断固拒否し、巧みな智慧を用いて戦争の防止に全力を注ぐ。智慧は自由自在であり、目の前の戦争を回避するために最も有効な方法を選ぶ。…他国からの侵略の危機に際しては、武力的威嚇によって戦争を防ぐことも嫌わない。智慧の自由のゆえである（２０１４：２５０－２５１）。

自在な絶対平和主義には選択肢が無限にある。暴力の平和化も、自在な絶対平和主義の重要な存在形態であって、絶対平和の放棄などではないのである（2014：283）。

自国を侵略から守るためには武力的威嚇や武力行使も許される、という主張自体はひとつの立場として理解できるものだと思う。ただそうした武力行使が「絶対平和主義」であるといわれると、ほとんどの方は理解ができないだろう。引用文のなかでは、知恵にもとづく平和主義は「いかなる戦争の正当化も断固拒否」すると書かれているが、ここで松岡がおこなっていることがまさに戦争の正当化にほかならないのではなかろうか。彼の議論の奇妙さは、いわゆる「人道的な軍事介入」を擁護した以下の文章で頂点を迎える。

人道的な軍事介入も殺人行為には変わりない。善か悪かと問われれば、やはり悪である。しかし、どうしてもやむをえぬときには自在な妙法の力を信じ、暴力の悪をも平和に方向づけるよう、最大限の智慧を働かせるのが日蓮仏法者の信条である。人道的介入を前にして、日蓮仏法者が原理原則論者と袂を分かつ点は、一にかかって『苦悩』にあると思う。

仏法者の智慧は慈悲と同体であり、敵・味方の別なく、すべての人々の命を守るために働く。かかる仏法者にとって、人道的な軍事介入はまことに断腸の決断となる。暴力の犠牲者を出すことへの深刻な苦悩を避けては通れない。ここでは苦悩が慈悲、正当化が無慈悲である。決定できないものを決定したとき、苦悩し続ける人の心は真には決定していない。それと同じく、日蓮仏法者が人道的介入を苦悩しつつ支持する場合も、実は武力行使を拒否している（2014：262－263）。

ひとことでいえば、**日蓮仏法者の軍事介入は「苦悩」をしているので武力行使ではなくむしろ平和のための慈悲の行いとなる**、というわけだ。

現在の日本において実際に軍事介入を行うのは自衛隊であって、自衛隊員の多くが学会員でない以上、いくら学会員が苦悩しようが戦地の現実とは関係がないのではないかとか、苦悩さえしていれば武力行使をしていないことになるという松岡の論法はそもそも大乗仏教思想に照らして正当なのか――殺人は慈悲ではないとかというエモい話ではなく、いくつかの基本的な教理（身口意の三業など）に抵触しているのではないか――とか、さまざま疑問はあるが、ひとまずおいておこう。

身もふたもないことをいってしまえば、松岡の議論を読むに際しては、その考察が日本国憲法に合致しているか否かや、当該地域の長期的安定に寄与するか否かは重要ではない。その次の選挙のとき、どのように説明すれば公明党支援に学会員が納得できるか、という観点から読むことが重要である。

松岡のこの著作は２０１４年に出版された。つまり２０１５年の安保国会がはじまる前年にあたる。この第三文明社から刊行された本のなかで、松岡が武力行使を容認していたからといって、創価学会が公式に平和主義を放棄したということにはならない。佐藤優という論客の対談相手として創価学会側から選ばれた人物が、２０１５年の安保国会がはじまる前年に武力行使を教理的に容認するための準備をたまたましていたという、ただそれだけのことだ。

以上、松岡と佐藤を中心に、ポスト池田時代における創価学会の政治参加の内的論理を考察してきた。本節のはじめにおこなった総括に知恵の原理を加えると以下のようにまとめることができるだろう。

**〈創価学会の意思はすなわち仏の意思であり**（＝創価学会仏）、**学会員は存在するだけで周囲を平和にすることができるわけで**（＝存在論的平和主義）、**公明党は池田先生によってつくられた日蓮仏法をもとにした政党であるのだから**（＝宗教政党への回帰）、**たとえ軍事介入政策を容認したとしてもそれは苦悩の末の判断であるから武力行使ではなく**（＝

知恵の原理〉、**そうした同志を信用できないメンバーは本当の味方ではなく**（＝仏法優先原理〉、**もし現在の組織の決定と過去の三代会長の著作の内容が異なるのであれば真実の弟子が時代に合わせて文章自体を変更することができる**（＝弟子の聖筆論〉〉。

## データで検証：存在論的平和主義

以上、ポスト池田期にある現在の創価学会の公明党支援をささえる内的論理をまとめてきた。繰りかえしになるが、存在論的平和主義にしろ、仏法優先原理にしろ、政治参加を教理的に擁護するならば現時点ではこうなっているというものであって、上記の見解が創価学会の政治参加における公式見解であるとか、ましてや会員に共有された政治意識であるということではない（創価学会仏は会則に記載された公式見解だが、この教義が選挙支援の現場で活用されたケースは散発的にしか聞かない）。

教理的な説明ができることと、そうした説明にメンバーが納得することの間には大きな隔たりがある。前節でのまとめが、現場の会員の選挙活動をささえる実際のイデオロギーとなるか、それとも時代とともに失われる紙に書かれただけの一教理となるかは、今後の日本の政局と、会員の熱意の程度と、信濃町の本部を中心とする組織の指導力や、その他

図 5-1　安全保障政策：各党議員の意見の変化

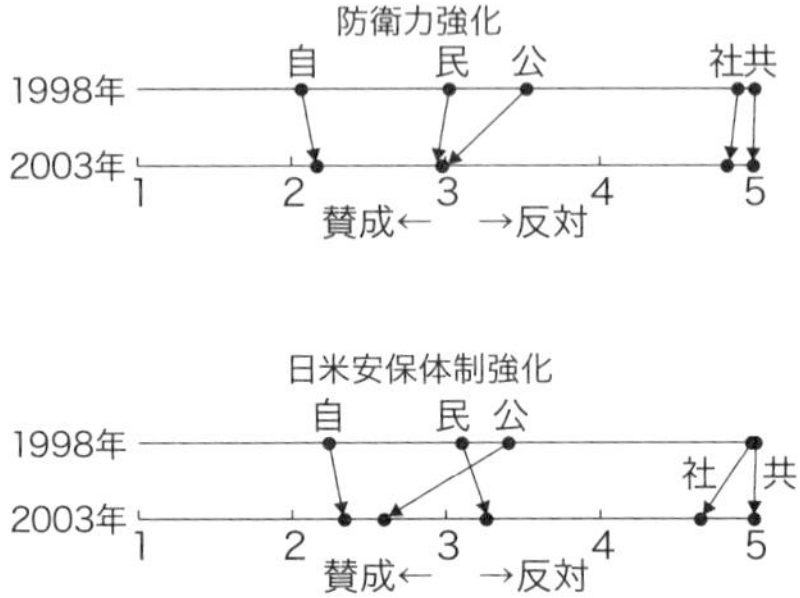


（出典）蒲島郁夫、山本耕資「連立政権における公明党の選択」、147 ページより。

もろもろの要因の複雑に絡みあった結果次第だろう。

さて、ここで本稿を終えてもいいが、最後にすこしだけ彼らの論理にツッコミをいれておく。本文中でも議論が冗長になるのを回避するためにできるだけツッコミを自制してきたが、読み手の方々のフラストレーションも溜まってしまったかと想像する。ただ、松岡らの議論は基本的には信仰的なもの、つまりはそう信じたいからそう信じているというものであって、経験的なデータによる批判には適さないものがほとんどだ。

なのでここはツッコミを限定する。本章が焦点をあてるのは、彼らのいう存在論的平和主義だ。

ここまで論じてきたように、存在論的平和主義とは「学会員がいるだけで必然的に周囲が平和的になる」というものだ。創価学会がみずから平和主義の団体であると自認している点、および核兵器禁止運動などの様々な平和活動をおこなっている点については否定しない。ここで検証を行うのは、そうした平和活動をしている学会員がいるだけで周囲が平和になるという、その**感化力仮説**にある。

彼らの考える感化力の影響範囲を確定することは難しいが、安保法案の成立にあたって「連立から離脱しないこと」を繰りかえし主張していたことからも、その効果は政界全体には波及せず、連立相手にのみ波及すると考えていいだろう（「学会員が政界に進出するだけで日本列島に台風が来なくなった」等のかつての発言に比べると、相当に控えめな主張になったともいえる）。

というわけで、本稿では公明党の感化力が自民党にいかなる影響を与えたのかを考察したい。

自民党と自由党の連立に公明党が参加した１９９９年10月の自自公連立政権誕生から２００９年の衆議院選の敗北による下野までの第一次連立政権、そして２０１２年の衆院選から本書執筆時現在までつづく第二次連立政権まで、自民党と公明党は継続的な協力関係にある。簡単に考えれば、**この１９９９年10月から２０１７年現在までの間に自民党議**

図 5-2

自民党に対する好感度

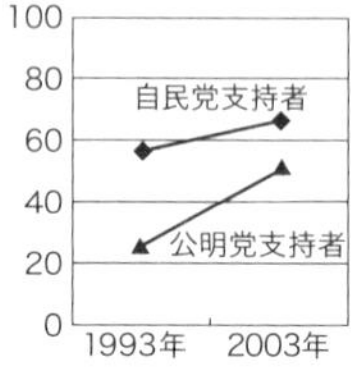


図 5-3

公明党に対する好感度

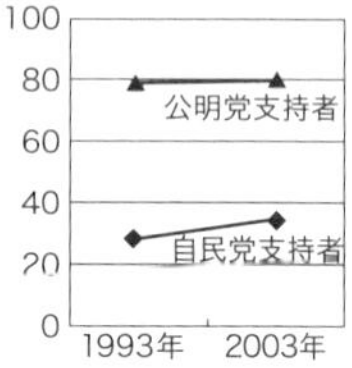


※1993 年のデータは JES II 第 1 波調査による。
蒲島郁夫、山本耕資「連立政権における公明党の選択」、149 ページより。

**員およびその支持者が「平和化」していれば、創価学会員＝公明党の感化力仮説は一応は支持され、「平和化」していなければ棄却される**といっていいだろう[50]。

なにをもって「平和化」したとするかは難しいが、ひとまずは伝統的な指標である保守（タカ）派―革新（ハト）派という枠組みを採用する。命題の形にすれば**「公明党と協力関係にある1999－2017年間において、自民党議員の政策位置はハト派に変化したか」**となる。

上記の命題を検証するにあたってまず参考になるのは、蒲島郁夫と山本耕資の論考「連立政権における公明党の選択」（『世界』2004年6月号所収）である。蒲島らは1998年におこなわれた東京大学蒲島研究室と読売新聞政治部との共同調査データ、および2003年衆院選時におこなわれた同研究室と朝日新聞政治部との共同調査データをつかって、連立政権前後における公明党議員と支持者の政策的立場の変化を分析している。

２４８ページにあげた図５‐１は、１９９８年から２００３年にかけて、安全保障政策に関する意見を各党がどのように変化させたかを見たものだ。「防衛力強化」と「日米安保体制強化」という2項目において、自民党の政策位置がさほど変化していないこと、むしろ**公明党議員の立場が自民党議員に大きく接近したこと**が見てとれるだろう。こうした変化を蒲島らは「公明党は安全保障政策、とくに現実的な政策争点に関して、自公連立成立前後で大きく保守化・タカ派化した」（１４７ページ）とまとめている。

２５０ページの図５‐２、３は自民党支持者と公明党支持者の、互いの党に対する好感度の変化を示したものだ。自民党支持者の公明党への好感度は、１９９３‐２００３年間でたしかにいくぶん上昇している。しかしそれ以上に、**公明党支持者の自民党に対する好感度が大幅に上昇していること**がわかるだろう。こうした変化について蒲島らは「自民党支持者と公明党支持者の互いの政党への感情は、公明党支持者の『片思い』に留まっている」（１４９ページ）と結論づけている。

ひとことでいえば、**自民党は議員も支持者もあまり公明党に感化をうけておらず、むし**

50　もうすこし厳密にいえば、「自民党議員および支持者の『平和化』が創価学会員および公明党議員の感化力以外の要因では説明できないこと」もあわせて証明する必要があるが、さすがに新書では手に負えない（というよりこの論題にそこまでの厳密さは要求されないと思われる）ので割愛する。

図 5-4　自民党の衆議院議員の政策位置の変化

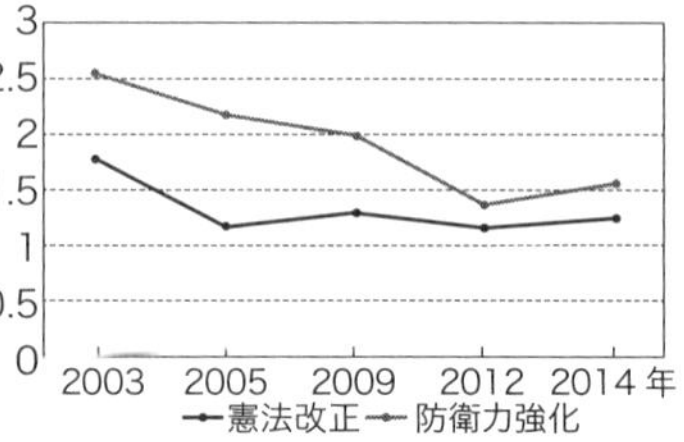


図 5-5　自民党の参議院議員の政策位置の変化

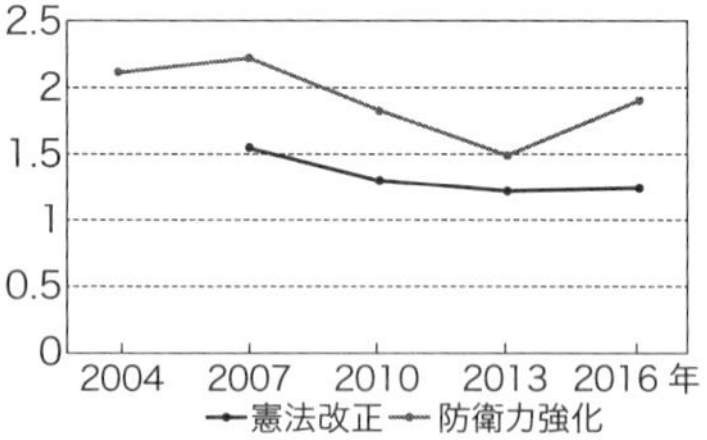


出所：東京大学谷口研究室・朝日新聞社共同調査。
中北浩爾「自民党の右傾化―その原因を分析する」、
94 ページより。

**ろ公明党の議員と支持者の方が自民党に感化をうけている**、ということになる。

　ここまでは連立開始から２００３年までの変化である。それでは２００３年以降はどうか。

　ここで参考になるのは、谷口将紀の「日本における左右対立（２００３〜２０１４年）」（『レヴァイアサン』57号所収）と中北浩爾の「自民党の右傾化―その原因を分析する」（塚田穂高編『徹底検証 日本の右傾化』所収）だ。両者ともに２００３年の総選挙から実施されている東大谷口研究室・朝日新聞共同調査データをつかって、自民党を中心とした国会議員の政策位置の変化を分析している。[51] 252ページに掲載したのは中北がまとめたもので、「憲法を改正すべきだ」「日本の防衛力はもっと強化すべきだ」の2つの項目の平均値の推移を図示したものだ。

回答は五択で、1が「賛成」で、5が「反対」、つまりは一に近づくほど右傾化している（憲法改正をするべき、防衛力を強化するべきと考えている議員が増えている）と判断することができる。2016年の参議院議員の防衛力強化の項目で若干の揺りもどしがみられるものの、2003年から2012年にかけて、自民党は衆参ともに右寄りに変化していることが見てとれるだろう。谷口も上記論文で「自民党の候補者は、郵政解散で圧勝した2005年総選挙以降、2009年総選挙で下野し、2012年総選挙でふたたび政権を獲得するまでの期間に右傾化している」（15ページ）とまとめている。

つまり2003年以降においても、自民党議員はハト派に変化してはいない（むしろよりタカ派になった）わけだ。

51　2003年から本書執筆時点までの公明党の政策位置の変化を考察した研究についても調べたが、専門的な論文は見つけることができなかった。

いかがだろうか。公明党との連立がはじまった1999年以降、自民党議員はハト派化したわけではなく、とくに2005年以降はタカ派化している。むしろ1998年から2003年にかけては公明党議員の方が政策位置を自民党寄りに変えていることが指摘されている[52]。

ここにいたって感化力仮説はどのように対応すべきだろうか。ふつうに考えれば①「創価学会員と公明党議員に平和への感化力はない」というものだろう。個人的にはこれが一番素直な解釈だと思う。また②「創価学会員と公明党議員に感化力はあるが、自民党議員の感化力の方が強い」という説明の仕方もある。どちらにしろ感化力仮説と存在論的平和主義はあまり魅力のないものとなる。もうすこし救いのあるものとしては、③「1999年以降は日本全体が右傾化しており、公明党が与党にいなければもっと自民党は右傾化していた」という応答もありえる。つまり有権者全体の動向に抗して、連立を組むパートナーの右傾化に公明党の感化力は「歯止め」をかけたという解釈である。

ただ残念なことに谷口論文によると、2003年から2014年にかけて有権者全体および自民党支持層の政策位置にさほど変化はない（18ページ）。つまりいくつかの留保はあるものの、自民党に関しては**議員だけが右傾化した**ことになる。自民党支持者と公明党支持者の交流は、基本的に選挙期間の、とくに現場責任者レベルのものに限られるわけで、つまり公明党議員とより多く、かつ継続的に接触したはずの自民党議員だけが右傾化したという事実は、感化力仮説を疑わしいものにするには十分ではないだろうか。
以上、ざっくりとではあるが存在論的平和主義とその感化力仮説にデータをもとにツッ

52
２０１５年の安保法制や２０１７年の共謀罪／テロ等準備罪の成立に協力したこと等もあり、本書執筆時においても「公明党または創価学会（員）の右傾化」は重要な論点となっている。ただ、筆者はこの論件について否定的だ。それは公明党が右傾化していないという意味ではなく、党の政策位置の変化、つまり公明党がどんな政策を支持するかは創価学会員にとって重要ではないという理由による。

こうした点について参考になるのは、政治学者の松谷満の論文「『保守補完』政党としての公明党」である。松谷は２００５年に東京都内８区市を対象に行った調査データをもとに、**公明党支持層には価値意識と争点態度に相関がないこと**を明らかにしている（松谷２００９）。公明党支持層は、価値意識において自民党支持層と乖離が大きく、争点態度においては（首相の靖国参拝問題をのぞいて）自民党支持層と近しい。他党の支持者は自らの価値観に近い政策を支持するが、公明党支持層が支持する政策は彼ら彼女らの価値観とはあまり関係がない。つまりざっくりといえば、公明党支持者は党の政策に興味がなく、公明党が支持している政策をただ追認している、という可能性を示唆している。もちろん松谷らのデータだけからそこまで強い結論が導けるわけではないが、時として語られる「学会員は選挙に興味があるだけで、政治に興味があるわけではない」という認識とよく一致しているといえよう。

**学会員の支援活動は公明党の政策内容にあまり影響されない**。こうした事実は、保守的な政策を推し進める自民党との連立が安定的に運営されている理由を理解するうえで重要だろう。つまり**学会員は平和主義者のまま集団的自衛権を限定的に容認し、平和主義者のまま共謀罪／テロ等準備罪の成立に賛同できる**のだ。松谷はこのような公明党支持層の価値意識と争点態度の断絶について「公明党は支持層の『非保守的』政治志向とはかかわりなく、保守を補完する安全装置としての役割を果しえているのではないだろうか」（41ページ）と述べている。

コミをいれてみた。もちろん、それでも存在論的平和主義という思想を維持したい強固な公明党支持者もいるかと思う。そんな方たちのために④「創価学会員と公明党議員に感化力は歴然とあるが、それは妙法の不可思議な力用によるものなので政治学の手法では計測できない」という回避策を用意しておいた。自由に使ってもらってかまわない。

## 政党支援と信仰を結びつけることが生み出す問題

ここまでポスト池田時代における公明党支援の論理を考察してきた。松岡らの議論はそれ自体として読むと奇妙だが、言論問題までになされた歴代会長の指導（とくに国立戒壇論を放棄して以降の池田のそれ）を踏まえてみると、その論理のいくつかをよくも悪くも継承したものとなっていることが理解されるだろう。

本書で何度も指摘してきたように、創価学会の政治進出は、政教一致という外部からの批判だけでなく、メンバーの政治信条の自由という内部の問題をクリアする必要があった。

国立戒壇論を放棄し、公明党（またはその前身としての公明政治連盟）を支援するようになった創価学会は、公明党と創価学会の一体性を強調したり、選挙活動それ自体を宗教的に正当化したりすることでそうした内部の問題に対処してきた。国立戒壇の建立という宗教目的に直結する理由が使えないならば、自分たちの応援する政党が同じ学会員からなっていること、その同じ学会員が国および地方の議会に占める議席が増えること自体を「広宣流布の進展」と捉えるようになったわけだ。学会員がいることそれ自体の意味を強調する存在論的平和主義を中心とした松岡らの議論はその最新版、「王仏冥合2．0」といえる内容となっている。

もちろん政治進出を開始した戸田が危惧したように、政党（または政治団体）の結成という契機により、創価学会の組織運営のなかに消しがたいコンフリクトを抱え込むことになった。

いかなる理由で支援するにしろ、政党に票を投じるということはその政党の政策や所属議員の発言全体へのなんらかの応答を求められるわけで、信仰を共有するだけで社会的地位や居住地域の異なるメンバー全員が、とくに教義とは関連のない政策全般にわたって同意できるはずもないのは当然だろう。当初は政治家の汚職の摘発や、公害への対応など、基本的には「だれも文句を言わないような政策」に注力することで対処してきたが、与党化することで、メンバー個々の政治信条からは距離のある政策にまで同意することが求められるようになったわけだ。

党の政策よりも所属する政治家の「深い人生哲学」を重視したり、法案の具体的な内容ではなく与党内に公明党議員＝学会員が存在すること自体の意味を強調したりすることを、党や組織も「人間主義」とよんで称賛したりしているが、これはなにも積極的な意味ばかりではなく、政策内容ではなく人間、つまりは**同じ学会員であるから支援する**という点以外には究極的な拠りどころをもたない現在の公明党支援をあらわしているということもできる。

もちろん彼らの論理が閉鎖的かつ自己準拠的なものであることと、現実政治のなかで彼らの政党が実際いかに機能しているかは別の問題である。閉鎖的な論理に駆動された集団の、あくまでも組織内部的に合理的な判断のもとになされた行動が、イデオロギーに分断された戦後日本政治史のなかで、意図せざる結果として、政界再編や提案型の政党として、政党間の交流をうながしたと評価できる可能性はある。もし支持者や議員の主観的な意図を超えて、公明党という政党に肯定できる足跡があったのなら、その時こそ創価学会という宗教団体の信仰の正しさの一部が証明されたとみることもできるかもしれない（できないかもしれない）。

## むすびにかえて

さて、ここで本書を終えてもいいが、総括にあたり、本章の執筆中に起きた、きわめて大きなニュースをひとつだけ紹介しておく。

２０１７年7月8日、巣鴨の東京戸田記念講堂で開催された本部幹部会でのことだ。**この会合で創価学会の第六代会長である原田稔が、同年7月2日に投開票がおこなわれた東京都議選で候補者全員当選をはたした公明党に言及し、党の勝利を「不二の師弟の凱歌」「一人一人の信心の凱歌」という信仰上の言葉で直接的に祝福するという指導をおこなったのだ。**

この会長指導は全国の会館でも放映され、また同年7月14日付『聖教新聞』の第4面においても同じ文言で掲載された。こうした表現が今後どの程度、どのような媒体で継続されるのかは未知数である。ただ、一つだけいえるであろう。**公明党支援はもう一度、そしてなにより公に「信心の戦い」になった。**

本章の「もう一度、宗教政党へ」の節でも言及したように、「創価学会員になることは公明党支持者になることである」という規範を公式に認める方向に動きだしたと考察したが、現実の創価学会はまた、本書の分析をこえ、公明党という政党へのコミットメントを一段と深めることとなった。

本書の第2章は「選挙活動を信仰の言葉で公に正当化しないこと」と「それにもかかわらず選挙活動を継続すること」という矛盾を分析することに焦点があったが、その意味でこの議論は、言論問題から2017年7月までの歴史的に限定された過去の一時代を描いたものとなった。つまり隠語化は終わったわけだ。


公明党支援が公に「師弟の戦い」「信心の戦い」となったことは何を意味するか。もともと選挙活動が「法戦」とよばれていたのは公然の秘密であったわけで、とくに何も変わらないとみることも十分に可能だ。ただ、松岡らを中心とする近年の公明党支援の論理とその経緯をみてきた私たちにとって、こうした見方はすこし楽観的にすぎよう。

予想されることはいくつかあるが、最も重要なことを一つだけ述べる。それは、**公明党支援に賛同できない学会員が今後よりいっそう活動に参加しづらいことになるだろう**ということだ。公明党の全員当選は「不二の師弟の凱歌」になった。公明党の政策に賛同できない人物は、池田の期待に沿わないメンバーになるし、もしかしたら池田に逆らう信仰的反逆者（師敵対）とされるかもしれない。

ただ、創価学会は公的組織ではなく、私的組織である。所属するメンバーの適格性の要件に「公明党への支援」を組みこむことは全面的に違法とされるわけではなく、選挙活動の拒否を理由とした役職のはく奪や除名といった措置が行われたところで、部分社会の法理等の理由により合法とされる可能性は十分にある。

言論問題以前の創価学会は、選挙活動に賛同できないメンバーは謗法だとまでいっていたわけで、今回の会長指導はかつての池田の指導に沿ったものだということさえできるであろう。ただ、自らの意思で会員になったメンバー（学会一世）の多かった時代においては、「公明党が嫌なら学会を辞めればいい」と述べることは問題が少なかったかもしれないが、自らの意思で会員になったわけではないメンバー（学会二世や三世、四世）が多数を占めるようになった現在において同様のセリフを述べることは、法的にはともかく、倫理的な問題は大きいように思われる。

つまり創価学会の家に生まれた子供たちは、選挙権をもつ年齢になったときに人生の選択を迫られるようになるわけだ。公明党を支援できる本当の学会員になりたいか、それとも公明党を支援できない偽物の（またはアンチ）学会員になりたいか、と。

もちろん創価学会員ではない読み手にとって、上記の選択は取るに足らないことだろうし、むしろ怪しい宗教をやめるきっかけができるのだから喜ばしいことだと思われるかもしれない。実際そうかもしれない。

ただ、戦後日本にあってやたら選挙活動をするこの巨大宗教団体には毎年たくさんの子どもが生まれ、やがて自ら信仰を選んだり、活動に疲れたり、いろいろそれぞれの人生があったりする。他のマイノリティの人生にくらべ、新興宗教の信仰者がいかにこの日々を生きているかについての研究はあまり蓄積もなく、文学で描かれることもすくない（その意味で、芥川賞候補にもなった今村夏子が、新興宗教の家で育った子どもを主人公にした小説『星の子』を書いたことはよいことだった）。

新興宗教の家庭に生まれるということは、いろいろあるけれど、悪いことばかりでなく、他の人生と同じようにかけがえのないものとくだらないことがある。そこから公明党支援の是非という問題だけで引き剥がされることはつらいことで、そうしたつらさを抱えた人を生み出しつづけるルールがあるのなら、それはこの社会にとってもなにかしらの問題であると思ってくれるのなら、うれしい。

以上、論じるべきことは多いが、ひとまずここで本稿を閉じる。今回は書かれた資料をベースに創価学会の政治参加を考察したが、いつかインタビューなどをもとにした語られた資料をベースに、創価学会員という人生に、「体験談」とは別の形で迫れたらいいと思う。創価学会スタディーズの次回作にご期待ください。

## 〈参考文献〉


東祐介（2017）「突如現れた『創価学会仏』とは本当に根拠ある仏教語なのか」『宗教問題17』合同会社宗教問題。

飯田泰之（2006）『ダメな議論』筑摩書房。

影山光男（1984）『劇画・大衆とともに－公明党20年の歩み⑥』公明党機関紙局。

蒲島郁夫、山本耕資（2004）「連立政権における公明党の選択」『世界』2004年6月号、岩波書店。

くぼうち章悟（1983）『劇画・大衆とともに－公明党の理念と実践⑤』公明党機関紙局。

公明党史編纂委員会（2014）『大衆とともに―公明党50年の歩み』公明党機関紙委員会。

佐藤優、松岡幹夫（2015）『創価学会を語る』第三文明社。

佐藤優、山口那津男（2016）『いま、公明党が考えていること』潮出版社。

芝城太郎（1977-80）『劇画・大衆とともに－公明党の理念と実践①～④』公明党機関紙局。

聖教新聞社編集部編（2016）『新会員の友のために―創価学会入門』聖教新聞社。

谷口将紀（2015）「日本における左右対立（2003～2014年）」『レヴァイアサン』57号、木鐸社。

中北浩爾（2017）「自民党の右傾化―その原因を分析する」塚田穂高編『徹底検証 日本の右傾化』筑摩書房。

松岡幹夫（2005）『日蓮仏教の社会思想的展開―近代日本の宗教的イデオロギー』東京大学出版会。

松岡幹夫（２０１０）『日蓮仏法と池田大作の思想』第三文明社。

松岡幹夫（２０１４）『平和をつくる宗教―日蓮仏法と創価学会』第三文明社。

松岡幹夫（２０１５）「なぜ安全保障関連法制に反対しないのか―創価学会・公明党の行動原理を解く」『Journalism』２０１５年11月号、朝日新聞社。

松島淑、谷口卓三編（１９６９）『公明党の歩み』公明党機関紙局。

松谷満（２００９）「『保守補完』政党としての公明党―支持層における『非保守的』政治志向の抑止効果をめぐって」『アジア太平洋レビュー』第6号、大阪経済法科大学アジア太平洋研究センター。

Victoria,Brian,(2014) "Sōka Gakkai Founder, Makiguchi Tsunesaburō, A Man of Peace?," The Asia-Pacific Journal,Vol.12, Issue37,No.3,pp.1-23. (http://apjjf.org/2014/12/37/Brian-Victoria/4181/article.html)

# あとがき――異世界に転生したら親が創価学会のバリ活だった件

長く創価学会員をやっていると、なんで学会員になったの？とか、なんで辞めないの？とか、ハッピー・ハロウィンとか言ってるけどそれ宗教的に大丈夫なの？とか、いろいろ聞かれる。

創価学会に入会したのは生後2カ月で、理由はもちろん親が学会員だったから。「太一」という名前も、池田の書いたとされる著作のなかに『少年とさくら』（潮出版社）という絵本があり、その小説の主人公の名前が「太一」であり、その絵本を好きだった姉が、私が母のお腹のなかにいる時分から「たいちくん、たいちくん」と弟のことを呼びつづけたというのがその由来である（元々は、同じく学会員である祖父から勝利（かつとし）という名前をつけられる予定だった）。

なんで辞めないのと聞かれても、しょうじき困ってしまう。もちろん人生にはいろいろな時期があったわけで、自分の信仰組織の正しさを説明して友人と喧嘩したり、やっぱ変だよねと受けいれて傷ついたり、まぁなんやかんやといろいろあった。

なんやかんやといろいろあったけれども、そしてこれはトートロジーにすぎないけれども、お前はなぜいまだに学会員であるのかという問いに対しては、それはやはり自分がいまだに学会員であるからだと応えるしかない。学会員が傷ついているのをみると哀しいし、学会員が頑張っていると聞くとそれなりに元気が出る。そこに理由はない（地元出身の力士の活躍をよろこぶ大相撲ファンとそんなに違わないと思っている。違ってたらごめんなさい）。

あと、ハロウィンが教義的にありなのかなしなのか、しょうじき知らない。

本書の「はじめに」のなかで私は、創価学会と公明党を研究すべき理由として、お互いに無理解なままでいることは、社会と学会、どちらにとってもリスクがあるからだと説明した。でもじつはこれ、少し詭弁だ。本音をいえば、リスクがあろうとなかろうと、私たちはお互いにもう少し理解しあうべきだと思っている。

戦後日本社会のなかに創価学会はすでにある。異なるルールで生きる集団同士のあいだにコミュニケーションを求めることは、お互いにとって多くの場合不快であり、ときとして（とくに規模の小さい側にとって）暴力的でもある。また、最終的にはこの要求に根拠などない（理解しあう義務などはない）。しかしそれでも、私たちは理解しあうべきだと思う。すくなくとも、今よりは、もう少し。なぜなら同じ社会でともに生きているからだ。

本文でも触れたが、本書を執筆したのは、創価学会と公明党を論じた本でまじめに読めるものがきわめて少なかったから、というのが一番の理由である。私は大学院を修士でやめたあとは、ずっと研究会や学会にも所属しなかった（創価学会には所属していたが）。だから適任ではないと思っていたが、気がつけば、誰かが代わりにやってくれることを期待する年齢は過ぎていた。誰も書いてくれないのなら、自分で書こう。それがこれまでこの組織を担ってきた人たちと、かつての自分と、これから生まれくる未来の学会員に対する責任だと思った。たしか今年大ヒットした動物アニメにもそんなセリフがあった気がする。

さっき私は「学会員が頑張っていると聞くとそれなりに元気が出る」と書いた。それなら同じ学会員である公明党議員も頑張っているのだから、こんな本を書かずに素直に支援したらどうなのか、とお思いの方もいるかもしれない。

もちろん他の政党の政策がとても賛同できそうにないという前提のうえでだが、私も消極的な意味で公明党支持層に分類されることぐらいのことは自覚している。ただ公明党の政策に個人的に賛同できるか否かと、公明党の支援活動を信仰上の言葉で組織的に正当化してもいいかはまったく別の話である。

公明党の候補者の当選が「池田先生へのご恩返し」や「師弟不二の凱歌」であるかぎり、党の政策に賛同できないメンバーはつらい思いをしつづけることになる。これに私は賛同できない。なぜなら「学会員が傷ついているのをみると哀しい」からである。

だから私の立場は、もし同じメンバーを苦しめる形でしか信仰活動を継続できない仕組みがあるのなら、メンバーを排除するのではなく、その仕組みの方を変えよう、というものである。この立場が困難なものであることは承知している。ただ、私はそのための足場をつくることを本書で試みたつもりだ。成功したかどうかは知らないが。

ここまで5章にわたって様々に論じてきたが、それでも本書で語れたことは多くない。戦後日本の都市下層を生きる人々に対して創価学会は少なくない役割を果たしたと述べたが、それらが具体的にどのような役割だったかについてはいまだ曖昧なままだ。

『バリバリ君』や『あおぞら家族』には触れたが、みなもと太郎の『未来ケンジくん』(聖教新聞社)や堀田あきおの『ハッスル!!パンチ』(第三文明社)には触れていない(というか戦後日本マンガ史のなかで潮出版社が果たした役割については、わりとまじめに語られてほしいと思っている)。

戸田時代からポスト池田時代にかけての最高幹部陣の政治に関する発言はある程度まとめたが、それらの指導を会員たちがどのように受けとめたか、受けとめているかについてはほとんど言及できなかった。選挙活動を信仰上の言葉で正当化することについて思うことは多々あるが、そうした信仰をまじめに生きた個々の会員の人生はかけがえのないもので、創価学会サブカルにも描かれないそれらを、できることなら語り残しておきたい。

本書を書いたことが創価学会や公明党への批判(誹謗)だと一部の会内メンバーに捉えられること、これはもう絶対に避けられないことだというのはわかっている。しょうがない。

ただ、第1章のもとになったエッセイをネットに公開した時、創価学会員以外の人たちだけでなく、かなり多くの会内メンバーが好意的に読んでくれたことも記しておきたい。まともな創価学会についての言論を読みたい人は、組織の内部にもたくさんいる。このあたりは今後にむけての小さな希望だと思う(関西創価学園の同期で、創価大学を卒業したあとに学会本部の職員になった友人からはFacebookでブロックされたが)。

最後に謝辞を述べたい。まず研究者の先生方に。学部生のころからお世話になっている粟津賢太先生。とつぜん原稿を送りつけたにも関わらず丁寧なコメントをくださった白波瀬達也先生。SNS上で折をみてご指導くださる小池靖先生。そして本書の推薦帯を書いてくださった島薗進先生。研究機関に所属していない私にとって、専門の先生方からのご指導は何物にも代えがたいものだった。他にも何人かの先生方に貴重な助言や資料をいただいた。本書の間違いはすべて私のものだが、ここまでの議論のなかに研究上の貢献があるのなら、それらは先生方のご指導のおかげである。重ねて御礼を申し上げたい。

　つぎに友人たちに。関西創価高校応援団のころからの腐れ縁・宇田川知明。創価大学の社会学科で出会い、以来なんやかやと抽象的な議論に付きあってくれる土橋隼人。いつも仲良くしてくれる日高夫妻。あと諸事情により名前を挙げられない幾人かの友人たち。一人で調べて書くというのはとても孤独な作業だけれど、自分の書いたものを読んでくれる誰かがいるということは、どれほど励みになったかしれない。あとFacebookをブロックしないでくれて本当にありがとう。これからもどうぞよろしく。

　そして大学院を修了してから就職した書店員時代、また、それ以後に出会った様々な方へ。筆者のTwitter（@girugamera）を長く見ている人にはわかるかと思うが、本書で私が書いたものの多くには、本屋で働いていた頃のなんやかやがムダに詰めこまれている。レジと書棚とＰＯＳデータを往復する毎日のなかで得たものと失ったものを言葉にするにはまだ時間がかかるが、あの日々がなければそもそも私は何かを自分で表現しようとは思わなかった。また、今の勤務先でも本当に多くのことを学ばせていただいている。読み手、売り手、作り手、そして書き手と、様々に立場を変えながらも本と読者に関わる仕事ができていることは本当に恵まれていると思う。今後ともご指導いただければうれしい。

最後に、本書の編集を担当していただいたディスカヴァー・トゥエンティワンの藤田浩芳氏に。辛抱強く付きあっていただけたことに心よりの感謝の意を表したい。

さて、これで本書を閉じる。ここまで読んでいただいた方、本当にありがとうございました。創価学会スタディーズの次回作にご期待ください。

２０１７年11月12日　神戸にて　浅山太一

# 「創価学会と政治」関連年表

| 年月 | 創価学会と公明党に関する主な出来事 | 年月 | 本書で引用した主な論考、スピーチ、講義、対談、著作 |
|---|---|---|---|
| | | 1950年3月 | 戸田「王法と仏法」 |
| 1951年5月 | 戸田城聖、創価学会の第二代会長に就任 | | |
| | | 1955年3月 | 戸田「広布の礎、文化活動」 |
| 1955年4月 | 創価学会が統一地方選に候補者を擁立、東京都議ら53人が当選 | | |
| 1956年7月 | 創価学会が参院選に候補者を擁立、3人が当選 | | |
| | | 1956年8月〜57年4月 | 戸田「王仏冥合論」 |
| 1957年4月 | 参院大阪地方区補欠選挙で創価学会候補が落選、池田大作らが選挙違反容疑で逮捕される（＝大阪事件） | | |
| | | 1957年9月 | 戸田「創価学会対共産主義」（神山茂夫との対談） |

## 「創価学会と政治」関連年表

| | | | |
|---|---|---|---|
| 1959年6月 | 参院選、創価学会は6人全員が当選 | | |
| | | 1959年12月 | 池田「いまこそ順縁広布の時」（カクテル発言） |
| 1960年5月 | 池田、創価学会第三代会長に就任 | 1960年5月 | 戸田『巻頭言集』『論文集』 |
| 1961年5月 | 創価学会文化部が「文化局」に昇格し、その下に「政治部」ができる | 1961年5月 | 戸田『講演集（上）』 |
| | | 1961年10月 | 戸田『講演集（下）』 |
| 1961年11月 | 公明政治連盟が結成 | | |
| | | 1962年4月 | 池田「北条時宗への御状講義」（選挙＝公場対決論） |
| | | 1962年5月 | 池田「広宣流布の使命」（信心の弱い人は選挙に疑問を起こす） |
| | | 同 | 池田「第三勢力に発展」（選挙活動の功徳） |
| 1962年7月 | 参院選で9人全員当選 | | |
| | | 1962年8月 | 池田「生死一大事血脈抄講義」（創価学会仏） |
| 1962年9月 | 公政連第1回全国大会にて、池田が「大衆とともに」の指針を示す | | |

| 年月 | 創価学会と公明党に関する主な出来事 | 年月 | 本書で引用した主な論考、スピーチ、講義、対談、著作 |
| --- | --- | --- | --- |
| | | 1963年8月 | 戸田『質問会集』（国立戒壇の文言なし） |
| 1964年5月 | 池田が公明党結党を提案 | | |
| 1964年11月 | 公明党が結党 | | |
| 1965年2月 | 第1回正本堂建設委員会開催。国立戒壇論を放棄 | | |
| | | 1965年5月 | 池田「生死一大事血脈抄講義」（選挙のために団結しないことは謗法、絶対に成仏できない） |
| 1965年7月 | 公明党初の参院選で11議席を獲得 | | |
| | | 1965年11月 | 『折伏教典（第8版）』 |
| | | 1966年7月 | 池田『日蓮大聖人御書十大部講義第一巻 立正安国論』 |
| 1967年1月 | 公明党初の衆院選で25議席を獲得 | | |
| | | 1968年9月 | 『折伏教典（改定30版）』（創価学会と公明党は一体不二） |

| | | | |
|---|---|---|---|
| 1969年12月 | NHKの番組で共産党議員が、藤原弘達の『創価学会を斬る』の出版を公明党と創価学会が妨害したと告発 | | |
| 1970年5月 | 池田が創価学会本部総会で政教分離を宣言 | 1970年5月 | 池田「人間勝利の大文化めざして」 |
| 1970年6月 | 公明党、党大会にて新綱領を採択。「開かれた国民政党路線」へ | | |
| | | 1972年11月 | 池田「21世紀開く精神の復興運動を」 |

＊スピーチ・講義は実際におこなわれた年月を、論考・対談・著作は刊行された年月を記載。

**〈参考文献〉**


公明党史編纂委員会（2014）『大衆とともに－公明党50年の歩み－』公明党機関紙委員会。

中野潤（2016）『創価学会・公明党の研究』岩波書店。

松島淑・谷口卓三（1969）『公明党の歩み』公明党機関紙局。

薬師寺克行（2016）『公明党―創価学会と50年の軌跡』中央公論新社。

ディスカヴァー携書 188

# 内側から見る　創価学会と公明党

発行日　2017年12月15日　第1刷

Author　浅山太一

Book Designer　石間　淳

Publication　株式会社ディスカヴァー・トゥエンティワン
〒102-0093　東京都千代田区平河町2-16-1 平河町森タワー11F
TEL　03-3237-8321（代表）
FAX　03-3237-8323
http://www.d21.co.jp

Publisher　干場弓子
Editor　藤田浩芳

Marketing Group
Staff　小田孝文　井筒浩　千葉潤子　飯田智樹　佐藤昌幸　谷口奈緒美
古矢薫　蛯原昇　安永智洋　鍋田匠伴　榊原僚　佐竹祐哉　廣内悠理
梅本翔太　田中姫菜　橋本莉奈　川島理　庄司知世　谷中卓　小田木もも
Productive Group
Staff　千葉正幸　原典宏　林秀樹　三谷祐一　大山聡子　大竹朝子
堀部直人　林拓馬　塔下太朗　松石悠　木下智尋　渡辺基志
E-Business Group
Staff　松原史与志　中澤泰宏　伊東佑真　牧野類

Global & Public Relations Group
Staff　郭迪　田中亜紀　杉田彰子　倉田華　李瑋玲

Operation Group
Staff　山中麻吏　吉澤道子　小関勝則　西川なつか　奥田千晶　池田望
福永友紀
Assistant Staff　俵敬子　町田加奈子　丸山香織　小林里美　井澤徳子　藤井多穂子
藤井かおり　葛目美枝子　伊藤香　常徳すみ　鈴木洋子　内山典子
石橋佐知子　伊藤由美　押切芽生　小川弘代　越野志絵良　林玉緒
小木曽礼丈

Proofreader　文字工房燦光
DTP　アーティザンカンパニー株式会社
Printing　共同印刷株式会社



ISBN978-4-7993-2201-7


携書ロゴ：長坂勇司
携書フォーマット：石間　淳